勿使前辈之遗珍失于我手
勿使国术之精神止于我身

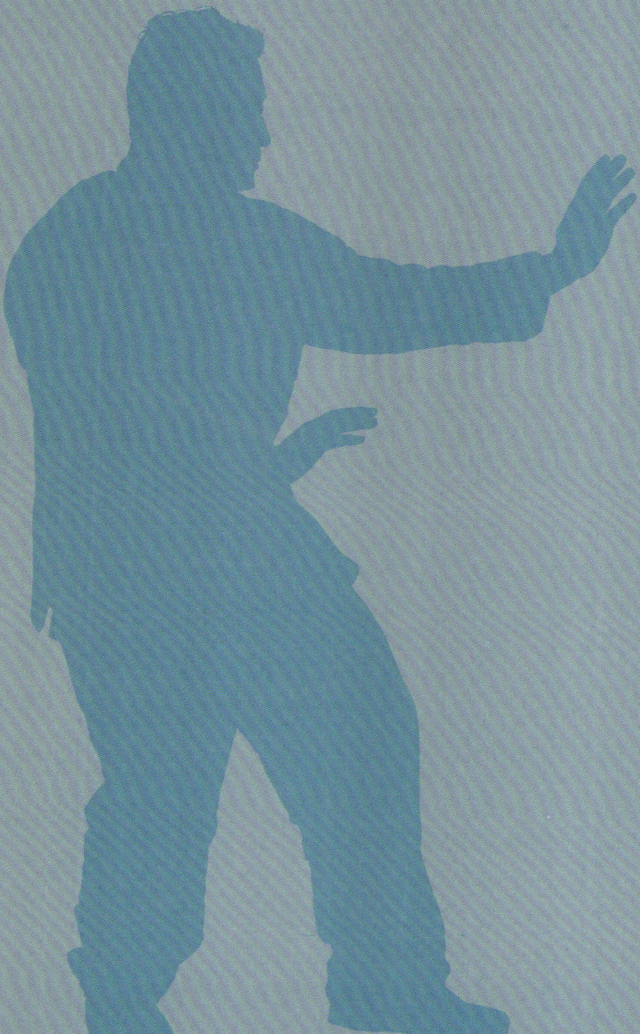

内家拳几何学

三维空间里的劲与意

庞超 著

北京科学技术出版社

图书在版编目（CIP）数据

内家拳几何学：三维空间里的劲与意 / 庞超著 . -- 北京：北京科学技术出版社，2023.3
（功夫探索丛书）
ISBN 978-7-5714-2643-9

Ⅰ . ①内… Ⅱ . ①庞… Ⅲ . ①内家拳—几何学 Ⅳ . ① G852.1

中国版本图书馆 CIP 数据核字（2022）第 204584 号

策划编辑：胡志华
责任编辑：白世敬
责任校对：贾　荣
责任印制：张　良
版式设计：创世禧
出 版 人：曾庆宇
出版发行：北京科学技术出版社
社　　址：北京西直门南大街 16 号
邮政编码：100035
电话传真：0086-10-66135495（总编室）
　　　　　0086-10-66113227（发行部）
网　　址：www.bkydw.cn
印　　刷：北京盛通印刷股份有限公司
开　　本：710 mm × 1000 mm　1/16
字　　数：240 千字
印　　张：14.75
版　　次：2023 年 3 月第 1 版
印　　次：2023 年 3 月第 1 次印刷
ISBN 978-7-5714-2643-9
定　　价：158.00 元

编辑者言

《潜确类书》卷六十载：

> 李白少读书，未成，弃去。道逢老妪磨杵，白问其故。曰："欲作针。"白感其言，遂卒业。

李白聪颖，他能"感其意"，并付诸有效的行动。

学功夫，最难的，恐怕不是下不了苦功，而是不能"感其意"。

以前，武者多椎鲁不文，常借用日常之物、劳作之事来表达其意，这倒不失为朴素的好办法。世代同乡同里，风俗早就渗进血脉里，所见所感自然无须多费口舌。悟性好的，能"感其意"而化于自身，肯花工夫，功夫终究能上身。

但，离了此情此景，凭几句口诀、几篇拳谱，很难推断出其具体练法。

到如今，科学昌明，武术传承之法也不再局限于口传、身授、心记，图文、视频等都可作为记录手段。书刊之丰富，前所未有。可是，不论是手抄本，还是出版物，抑或是师徒之间的授受，隔山、隔纸、隔烟的困惑从未消失。

这其实是一个匪夷所思的现象。

即使受限于文言之于白话的难懂、方言之于普通话的障碍、授者与受者水平高低之不同，功夫，总归是"人"这一个统统是躯干加四肢的有形之体承载下来的，怎么会变成一门难以自明的学问呢？

于是，不泥古、不厚今，剖开表象，觅求功夫的实质，找到具体而有效的训练方法，让更多人受益于其健养之效，进而对防卫有一定裨益，乃至获得修养之资粮，就是这套丛书的缘起。所以，不限年代，不限国别，不论是借助多学科的现代分析，还是侧重明心见性的东方智慧，只要是对功夫这种探究人体运动的学问有精诚探索的读物，都在本丛书所收之列。

　　当然，我们已知的科学不能穷尽功夫的原理，更不能穷尽人体的奥秘。

　　正因为如此，我们不应排斥先贤的智慧，更不应止步于此。

　　共勉。

2019 年 9 月

前　言

武术是一门日渐没落的学问。不仅仅是武术，戏曲等传统文化也都面临发展的困境。

中国的传统文化有庞大、严密的理论体系，理应在新时代焕发生机！

随着对内家拳研究的深入，我越发体会到中国武术的独特魅力。就技术而言，内家拳与西方竞技、现代搏击不同。西方竞技和现代搏击是"做加法"，追求更高、更快、更强，通过练力量、提高速度和强度，让人变得更强；而内家拳追求"为学日益，为道日损"，立足于人体先天的体能，通过站桩、行拳建立整体结构，减少力量消耗，通过"做减法"提高人的运动能力。

中西方的思维完全不同。如果将中西方一减一加的思维进行衔接，中西共用，就会产生独特的优势，就能有效提高国人的运动成绩。

笔者将自己练习内家拳的体悟、多年的教学摸索进行整合，写成了本书，力图通过几何结构、力学原理，把自己理解的内家拳的原理、技术方向、训练流程展示出来，并配合书中的内容拍摄了近100分钟的解释视频，希望抛砖引玉，与武术爱好者们相互交流，共同提高。

如果大家都不把自己的研究成果展示出来，按照目前的趋势，武术可能会持续地没落下去。笔者不才，将自己对武术的浅薄认知分享给读者，班门弄斧，万望众位方家海涵，多提宝贵意见。

希望大家一起为武术的发展尽一份力。

目　录

第一章

站在
历史的角度，
科学研究武术

　　武术是中华民族的瑰宝、人民智慧的结晶，已经流传了千年之久。它不仅仅是对抗的艺术，还是前辈们对人体结构、运动原理、心理学、经络学说等的高度总结，对提高身体素质有巨大帮助。

　　内家拳本是很科学的拳种，然而因为古人的语言与现代人的语言不同，现代练拳者难以理解古代拳谱，加上缺少科学的理论指导，导致很多人耗费时间却练不出功夫。

　　在现代，因为大部分练习者是业余时间训练，所以武技达不到前辈们的高度，自然也难以理解拳法中的技术要点。

　　内家拳本身有良好的健身、实战功效，但是因为技术体系的缺失，很多人对古代拳谱中的要求的理解是错误的。很多练功要点在不严谨的教学过程中以讹传讹，导致大多学武者的姿势错误，不仅没起到健身效果，反而伤膝盖、伤腰、伤颈椎，练坏了身体。再这样持续传播下去，会导致传统武术的技术逐步消失，甚至优秀的核心内容被曲解。

　　为了更多朋友练功不出偏，更好地继承内家拳法，结合生理、心理、几何、力学知识，科学研究内家拳势在必行。

　　在本书中，我想通过以下两种途径为改变内家拳的传承现状贡献一点绵薄之力。

　　（1）从基础的拳理、拳谚入手，为大家解释清楚内家拳中的科学原理；

　　（2）总结古人拳法中的优秀技术，提出训练教案，避免传授过程中技术要点流失。

一、武术的对与错，您知道吗?

现代武术练习者普遍练不出功夫，
不是因为老师教得不好或者自己下的功夫不够，
是因为他们对于武术的对错没有判断标准，
导致即使学着错误的东西也不自知。
知道对错、打开枷锁是前进的第一步。

现今社会信息爆炸，武术习练者弄不懂的东西，自然而然地会求助于视频、书籍，以便更好地提高水平。有的书籍言之有物，令人茅塞顿开；有的书籍却泛泛而谈，不具备可操作性。真假难辨的信息让武术习练者无所适从。

我从事武术教学工作多年，经常遇到一些朋友拿着从别处看来的观点向我咨询。此时，我通常都会反问他一句：您知道什么是对的，什么是错的吗? 很多朋友都会被这个问题问住。

之所以这样问，是因为我学了这么多年拳，也教了很多朋友，发现很多人都存在以下问题。

盲目自大：认为自己的东西是对的，即使别人赢了他，也不谦虚地学习。

固执己见：告诉他真东西，他弄不懂，就以为是错的，而不去反思一下是不是自己听不懂。

沉浸于自己的舒适圈：练了多年，功夫没进步，依然以为是自己的努力程度不够，而不去反思是不是以前的技术体系或者训练方法压根儿就是低效或者错误的。以为勤能补拙，结果却是沿着错误的道路越走越远。

俗话说，一层功夫一层道理。你认为的"对"，不一定是真对。你看懂的文章，也不一定是至理。练武术，进步的核心，从本质上讲，就是克服"我认为我懂了"的心理，老师教给你的你目前难以理解、甚至跟以前所学相左的东西也要尽量学习。千万不要轻信那些一看就懂的"爽文"。

很多朋友都知道空杯心态，但是我所接触的人当中，能做到的，真是少之又少。

举个例子。

很多上了年纪的朋友，喜欢研究大小周天，认为这种类似气功的导引，对身体会有意想不到的保健作用。他们也经常问我一些这方面的问题，一度令我很头疼。

小周天的路线比较简单，公开的资料上都有，很多朋友想要依靠意念导引练出小周天。其中最大的问题是，您知道小周天运行一圈的速度有多快吗？通过缓慢意念去导引，是否会对其运行造成反效果？

我通过浑圆桩的练习通了小周天，所以知道小周天运行一圈的速度非常快。大家想象中的意念及导引的速度，压根儿跟不上小周天的运行速度。虽然路线大概不差，但若没有优秀的老师给学生点明小周天的运行速度，这种方法对于修炼小周天没有好处。

网上能搜索到的所谓的通小周天的方法，通常都不是门派内部真正的训练方法。在有传承的门派里，有气通周天、意通周天、神通周天等方法，一般人是学不到的。

再说大周天，大周天本身就存在不同的定义、训练方法。如果连大周天是什么，某种方式是对是错都不知道，又怎么会有通大周天的可能呢？更有甚者说要"练出大小周天"，大小周天是练才能产生的吗？！对于大周天，有的门派通过六字发声法训练，有的通过守窍进行训练，有的通过任督脉训练，有的通过十二经络训练。

就算意识不到周天，周天也是自发按照气脉运行的。按照中医的说法，如果气脉阻塞了，这个人一定生病了。大小周天是自然存在并运行的，你不过是通过训练发现它而已。发现后有意识地引导它，就可以让它更好地服务于身体的健康。所以，根本不存在"练出大小周天"的概念。说"打通大小周天"还是有点靠谱的，"打通"的意义大概等于"发现"。

其实古代内家拳，特别是形意拳中大小周天的训练方法，明文记录于孙禄堂（小周天）、薛颠（大周天）两位前辈的著作中，大家可以自行去翻阅。但是即使明明白白告诉大家，也会有很多人无法打通大小周天。这是为什么呢？原因如下。

（1）这些方法不符合大众对于大小周天修炼的想象，哪怕前辈是对的，方法也特别简单，好多人依然不认为它是正确的。练不出来时依然会去找网络上公开的文章、视频，以期获得答案。却不深入想想，孙禄堂、薛颠两位前辈的水平难道还不够高吗？

（2）大部分形意拳、太极拳、八卦掌的练习者是叶公好龙，没有花时间、精力去研究古拳谱，所以压根儿没有看到过这些记载。有多少练陈式太极拳的人看过《陈鑫陈氏太极拳图说》？有多少练形意拳的人，看过孙禄堂、薛颠等先生的著作？武术也是一门学问，不努力钻研，就很难练出功夫。世间所有的偶然都有其必然性，不努力钻研而轻信网络上虚假的功法宣传，越走越偏也是必然的。

（3）即使看到这些好东西，也有些人会由于功力水平有限，错误地理解前辈的意思而修炼不出来。也就是古人所说的"道不远人，人自远道"。

大部分人喜欢的武术，是自己想象中的武术，而不是真正的武术。其结果就是，不去研究前辈们五六十年苦修写下的精华，而凭借自己浅薄的理解对武术妄加判断，轻信一些不靠谱的理论，最终误入歧途。

很多人希望能够"以武入道"，却不知没有武术功力就想"以武入道"如同想渡河却没有船一样可笑。

不要小看武术的修炼，想练出功夫，就需要自知、自觉、自律、自我突破。上面说的那些误入歧途的朋友，思维逻辑混乱，功夫都练不出来，又怎么可能通过练武启迪智慧，达到"以武入道"的效果呢？

有些人想研究气及大小周天，却又不知道气是什么、大小周天是什么。

以周天为例，很多人没有背过子午流注，根本不知道血气哪个时辰走哪个经脉，经过哪些穴位，又拿什么来修炼周天呢？

如果看过陈鑫前辈的太极拳著作——《陈鑫陈氏太极拳图说》，就能发现，该书的第 1 页到第 89 页写的全是经络穴位。也就是说，想要练太极拳、研究气脉，首先得有这 89 页的理论基础才行。

研究形意拳的朋友们也是，形意拳自古到今以实战著称。若没有与搏击高手对战的经历，实战的水平不行，拿什么去理解形意拳中实战的部分呢？就如同想研究古代汉语，却不懂语法知识一样可笑。

很多习拳者认为对的东西，往往经不起推敲。对大部分人来说，谈气、谈周天，开口就是错，因为他们压根儿不知道正确的东西是什么。因为不知道判断标准，所以很容易被误导。

我的学员经常问我：庞老师，您告诉我的这个概念，我想了一周才明白，是不是我太笨了？

当然不是！学到不会的东西，学到不懂的东西，才是真正进步的开始！例如，我们虽然在 1 层楼，凭借想象大概也能知道在 2 层、3 层楼看到的景色怎么样，但是无法想象在 15 层楼看到的景色。即使从 15 层楼下来的朋友给我们描述了那里的景色，可能我们也不会相信，因为境界差太多。

我本人从没有功夫，到跟随多位老师学习也依然没有出功夫，再到通过一个偶然的机会想明白功夫的原理而练出功夫，走了很多弯路。

也正因为我自己有过这样的经历，在成为武术老师以后，很容易就能找到学员的问题所在——很多人只相信自己相信的，而不是相信真理。这可能就是佛法中所说的"知见障"，破不了这个关隘，就很难进步。

本书会尽量用简洁的语言为大家解析我所理解的内家拳的理论系统，按照以下结构进行阐述。

第一步：解释内家拳中一些名词的概念，例如掤劲、支撑八面、持环得中、肘与膝合、肩与胯合、手与足合。用通俗的语言、经得住推敲的逻辑，让大家明白内家拳名词的真正含义。

第二步：用两根手指做实验，指出武术练习过程中常见的错误。通过力学实验帮大家辨别对错。

第三步：通过几何学、力学原理，为大家解析正确的技击原理。虽然这个概念可能与大家的理解相差很远。

阅读过程中，无论大家能否理解其中的内容，都欢迎按照下面这个逻辑去思考、去反问自己：

如果我们之前认为很对的东西，经过这些年，在我们努力练习的情况下，并没有帮助我们增长功力，是不是意味着，那些东西可能是不对的？而现在这个看不懂的东西，可能才是对的？

二、影响武术成才率的变量

圣人不积，

既以为人，己愈有，

既以与人，己愈多。

洪均生说得特别好：

我就是全告诉你，

你还有可能练不出来呢，

何必保留？

武术的成才率很低，因为变量太多。仅老师、学生、教学态度这 3 个变量，就会形成以下排列组合。

老师水平	高	高	高	低	低	低
教学态度	真教学	假教学	真教学	真教学	假教学	真教学
学生状态	认真	认真	不认真	认真	认真	不认真
教学结果	出功夫	不出功夫	不出功夫	不出功夫	不出功夫	不出功夫

通过这个表格，大家可以看到，仅仅纳入这 3 个变量，能够练出功夫的就只有 1/6，概率很低（16.7%）。更何况在现实生活中，水平高又肯真心教你的老师，几乎是凤毛麟角。

哪怕你的运气像我这么好，武林高手就是你的亲戚，也有不出功夫的可能。

我的亲叔叔庞恒国先生，八卦掌、太极拳、形意拳水平都非常高，我自小就跟他学习内家拳。但是由于当时年龄太小，理解力有限，练了很久都没有出功夫。读大学时，我被练太极拳的同学推得东倒西歪；因为功夫不好，还被当时同样练形意拳的学长笑话。

这是我的亲身经历。亲叔叔不会对我保守，属于真教，为什么我还是练不出来呢？

武林高手不等于好老师，这两者之间有一个角色区别。老师需要有循序渐进的教学计划及逻辑思维能力，能将自己的理解与心得教给学生；并且能够在学生出现偏差时及时对之进行纠正，以确保学生能沿正确的方向行进。

很多习拳者的老师功夫都很好，但是从武者过渡到老师时，角色转换失败，导致学员众多，但出功夫的却很少。

前文中谈到的教学态度这个变量，"是否真心教学"还得细化。有的老师是真教你，但是他真的说不明白。学生认真与否，也要细分。学生可能认真练了，但是理解能力不同，就算老师告诉他真东西，他也可能理解不了，于是成才的概率就更低了。

但是，若老师不真教呢？

学习武术实现自我价值，自古至今都不是一件容易的事情。我们想学的东西，人家也是耗费了很多时间、精力、金钱学来的，凭什么告诉我们？大部分习拳者跟过很多老师，了解其中的艰辛。

武林中存在明师、庸师、刁师的说法。

明师：老师技术、教学好。但是这样的老师一般比较低调，收费也不低，很少能被大家接触到。

庸师：老师自己水平不够，虽然尽心尽力把会的东西教给学生，却很难帮助学生提高。庸是平庸的意思，并非贬义。

刁师：吃、拿、卡、要的老师。对有钱的学生高看一眼，教真东西，却也费尽心机拖延教学进度，以获得更多金钱回报；有时候学生练对了，老师也往错误方向引导，害怕学生练出来就不跟他学了。对于穷学生则貌似关怀，却不教真东西，学生练习多年，进步缓慢。

因此，大家选择老师的时候，要重点看老师教出来了多少优秀的学生。如果门内学生只有一两个大放光芒，其他的都庸庸碌碌，这样的老师尽量别跟；而一个老师哪怕自己功夫一般，学生却均水平中上，那找他学习准没错。

我曾跟很多老师学习，有的老师很好，教真东西，有的不教真东西，有的往错误的方向引导。我也曾经一度为老师与学生之间的关系伤心难过，然而年龄渐长，感悟也越来越深：理解万岁，存在就有其合理性。

我们不去探讨人品与感情的问题，但可以理解一下老师的担忧。

（1）你练出来了，都跟你学，我吃什么？

（2）教出你来了，以后你还孝敬我吗？我只有留着东西不教，才能保证我的生存空间。

（3）我确实学来不易，要自珍其技。

关于第三种情况，我稍微腹诽一下：这种自珍其技的老师，你至少也要教一半，哪怕教 1/4 出来呀，所有的学生都学不出来，将来谁还会跟你学呢？

从学生的角度来说，他可以磕头拜师，为了学拳而交学费。然而花了很多钱、很多时间，付出了很多感情，却没有得到想要的结果，他以后会怎么看老师？

就是因为老师思想保守，在武术传播过程中，留一部分知识点不教，以保证自己的生存空间，直接导致了现在内家拳的核心技术越传越少！

学生与老师之间，有必然的冲突吗？为了武术的长远发展，学生与老师的关系需要认真地梳理一下。

假设老师跟学生从事同一个行业，老师的教学态度对老师、学生的影响如下。

老师的教学态度（真假）	真	真	假	假
学生水平	高	低	高	低
老师生存概率	高	高	高	低
学生生存水平	高	低	高	低

如上表，学生水平高的话，老师的藏私并不直接决定学生的生存水平。

因为学生不是仅有一个老师，从某个老师身上学不到的东西，可以从其他老师那里获得，所以，因为担心学生影响自己的生存空间而不教东西是大可不必的。市场是开放的，您不提供的内容总有别的地方能获得。

而学生水平高，也不影响老师的生存概率。如上表，只有在老师的教学态度（假）、学生水平低的情况下，老师才没有生存机会；哪怕老师水平低，只要学生水平高，很多人也会以为，这个老师的水平不错，即这个老师教出了高水平的学生反而保证了自己的生存概率。

因此，从上表来看，老师与学生之间，并没有本质上的冲突。并且由于教学水平、收费标准、知名度等诸多变量，导致师生之间出现竞争的概率其实很低。况且，现代社会，技术与生存的冲突早已经被解决。以现代医学为例，其情况如下。

（1）从大学一年级到四年级，学生跟随老师学习，老师以教学为生。

（2）学生从业后，其专业技术水平等级分为：初级职称（医士、医师/住院医师）、中级职称（主治医师）、副高级职称（副主任医师）、正高级职称（主任医师），不同的能力水平自然有不同的工作机会，老师和学生之间并无太大冲突。

（3）学生赶上老师的职称，至少需要5~20年，其间很难有客户的冲突。

（4）学生与老师是相互依存的，没有老师自然没有学生；师生之间的良性竞争，可以保证医学技术的进步。

而武术中的跆拳道、空手道、泰拳、柔道、剑道等，均解决了老师与学生之间的冲突，为何传统武术的老师就有那么多担心呢？

传统武术与跆拳道等竞技项目的唯一区别是，自从镖师这个职业消失后，武术就没有了经济体系，练武变得不赚钱了。偶尔有几个老师能够通过教武术实现财务自由，就特别担心失去这么好的工作，也担心客户流失导致自己的收入减少。

这种担心恰恰应该成为开拓武术人的就业或者盈利方向的动力，而不是阻碍学生成长的借口。

假如武术运动员毕业后可以开武馆、搞健身、做武打演员替身、做网红……有很多就业机会，可以赚钱养家，那么家长就会乐于送孩子去体院学习武术。

所以武术濒临失传的原因，不仅有技术的缺失、教学计划的缺失，还有就业机会的缺失。练武术不赚钱，自然不会有大批的年轻人愿意学习，武术自然就会慢慢消亡。

老师不教真东西，也是老师在武术经济体系缺失的情况下的一种自我保护。近些年我个人的思维较以前开阔，逐渐理解了这种行为，但是理解归理解，我仍然认为这种行为对于武术的发展是不利的！

拳击、泰拳在民国时期有影像留存，当时它们的水平还不如中国传统武术。然而随着研究的深入、竞赛的出现、技术的分享，它们的发展已经远远超过中国传统武术。

我曾经去香港见过一位咏春拳大师，他教学的学费不菲，小念头、寻桥、标指……每个套路 10 万元。但是人家教授真东西，学生水平都很高，所以他的社会地位也很高，备受尊敬。

他的学生中以教拳为生的有很多，师生之间的关系非常融洽。由于功夫水平高，他们的教学体系备受追捧，学生和老师都可以很好地生存下去。

太极拳大师洪均生前辈说得特别好：我就是全告诉你，你还有可能练不出来呢，何必保留？

形意拳自李洛能初创就人才辈出，李洛能的八大弟子名扬武林，之后更是出了李存义这个大人物。李存义又教出了薛颠、尚云祥等知名高手。八卦掌、太极拳高手亦众多，说明师徒的冲突是可以得到很好的规避的，老师不应以保守作为自保的手段。

《道德经》上说"圣人不积，既以为人，己愈有，既以与人，己愈多"，说的是给予别人的越多，别人越感激你，回馈你的也就越多。

师者，传道受业解惑也。我作为一名武术老师，如果不能帮助学生提高技术，就会感到非常惭愧。

三、我出功夫的契机与几何的关系

功夫不能傻练，方向对了才能出成果。
方向对才更容易弄明白拳理。
如果你自己都弄不明白自己练的是什么，
就很难有进步的可能。

跟随叔叔练拳期间，我一直没弄明白功夫的原理，所以后来又跟很多老师学习过。如中国式摔跤的名将尚延庆老师、沙国政一脉的张尚民老师、太极梅花螳螂拳的赵东平老师、北京摔跤的王同庆老师、尚派形意拳的韩瑜老师等（按照老师们的年龄大小排序）。

众多流派的功夫，对我出功夫有很大的帮助。

想要出功夫，先要弄明白什么是功夫。功夫指的是武者的对抗能力。很多朋友选择性地忽略了这一点，默认功夫是自己一个人就能练出来的，不需要与人对抗、推手、摔跤。没有对抗训练，怎么可能理解功夫中对抗的那部分的原理呢？

如同下象棋，下象棋是两个人的事情，一个人靠自己打棋谱就能成为高手是很难的，想出来的见识与实战出来的见识肯定是不能比的。

很多人喜欢强调传统武术的纯洁性，认为只练一个门派的功夫就能出功夫，而且功夫更纯；还认为练传统武术就能实战，不需要参考现代搏击。这有一定道理，因为传统武术本身也是一种技击手段，如同跆拳道、柔道，只学一门，肯定是能具备一定的技击能力的。

但只练传统武术就能实战的前提是：

第一，有会传统武术实战的人教你；

第二，他教你的是正确的东西；

第三，你认真练并且练出功夫；

第四，你用练出来的功夫与其他人搏斗以提高实战能力；

第五，通过积累你的功夫达到了得心应手的程度。

而目前大部分人前 3 点都没有做到。也就是说，他们自己都没有功夫，却妄谈练传统武术不需要学现代搏击。实际上，他们的观点不具备任何参考性。

而站在第四点的角度考虑，现代人已经没有了合法搏斗的客观环境，唯一能进行搏斗训练的地方可能就是拳馆。拳馆也分现代拳馆、传统拳馆，而传统拳馆大部分在研究怎么达到第三点，即怎么练出功夫来，打实战的人少之又少。在这种情况下，想要学习、练习搏击的技术，不去现代拳馆还能去哪里呢？

我常说的一句话是：没有现代搏击、摔跤的经历，就想研究传统武术，就如同不懂基本的语法知识就想研究古代汉语一样可笑。

没有搏斗经历的人，会以为传统武术是按照某种方式实战；有搏斗经历的人，则会明白以下东西。

（1）会知道某些实战方式不合理，可能是老师水平不足，或者是老师教得不对，会对之加以改良，使之变得合理；

（2）会用合理的格斗方式练习传统武术，使自己技术进步，并用这种方式去格斗，检验其可行性；

（3）如果这种格斗方式能应用到实战中，会采纳吸收并作为自己的心得体会教给学生，促进技术进步。

大部分强调练习传统武术不需要学习现代搏击的朋友，大概率上没有跟高水平运动员搏斗过，他们脑中传统武术的打法，不过是纸上谈兵。

有些武术老师明显没有格斗经验，没有格斗经验，又怎么可能教出来真正的内家拳核心呢？传承的东西再好，自己没有格斗经历，也无法理解传承中优秀的部分，可能学到的不过是核心中的 20%~30%。这样的老师教出来的东西，学生能懂的又是 20%~30%，于是一代不如一代。

这还仅仅是搏斗方面，想研究内家拳的推手，却没有跟摔跤手对抗过，不懂重心控制，也是纸上谈兵。

现代社会最容易学到重心控制的方法，就是学习摔跤类的武术。假如遇到摔跤手就手忙脚乱，那你练的还是真正的传统武术吗？

知耻而后勇，经历过与现代搏击的对抗训练，才会对自己有清晰的判断，才会知道自己哪里不足，哪里优秀，需要找寻哪方面的老师去提高自己，这才是技术进步的根本。

看这本书的朋友大部分是武术爱好者，没有那么多时间、精力学习现代搏击。最好的解决办法，就是跟一个真正经历了这些过程的老师学习。

练拳一定要找优秀的老师，优秀的老师除了能教给你实战功夫，还能让你避免很多运动伤害。为什么优秀的老师能做到这些呢？

（1）老师投入大量时间练拳，淘汰了很多不对的东西；

（2）老师运动量大，见识过大量错误动作，知道如姿势不对会导致膝盖疼痛、脚腕疼痛、肩部拉伤等，他们能成功一定是通过自己的努力，修正了错误动作，并练出了功夫；

（3）学员出现类似问题时，老师有丰富的解决问题的经验。

很难想象大家会随便找个没有任何实战经验的素人当老师。跟这样的老师学习，不伤身体就算很好的了。

很多时候，选择的重要性优先于努力。

我练传统拳出功夫的契机，就是在大量学习拳击、搏击、摔跤、形意拳、太极拳、八卦掌、螳螂拳的前提下出现的。某一天，我研究日本的柔道教学时，发现日本人用几何学上的三角形、圆形结构来诠释人体，利用重心的高低变化撬动对手从头到两脚的三角形，破坏对手的重心从而将其摔倒。这让我顿悟了功夫的逻辑，这种思维方式如同过电一样，把所有之前我无法理解的拳理一下子串联了起来。

用几何构造与力学原理研究武术，奠定了我研究武术的基调。我不仅通过这种研究练出了功夫，还用这种方式去教授别人。

现今社会，新的练法、新的流派层出不穷，如何判断一个方法是否科学有效呢？

（1）老师自己是否可以通过这种方法练出功夫来；

（2）老师向学生教授这种方法，学生是否也可以通过这种方法练出功夫来。

如果老师和学生都可以通过这种方法练出功夫来，就可以说这种训练方法是有效的。

而现在最常见的现象是：

（1）老师通过某种方法练出功夫来；

（2）老师教授给学生另一种方法，即挂羊头卖狗肉；

（3）学生沦为试验品，功力进步缓慢。

就形意拳而言，如果一个老师是刻苦站桩、抻筋拔骨练出的功夫，却教你随便站桩，或者开发一些不疼不痒的功夫，是不是就不对了？

就太极拳而言，如果一个老师是通过刻苦修炼基本功、大量对抗出来的功夫，却教你练习套路，不教基本功，是不是就不对了？

就八卦掌而言，如果一个老师是通过老八掌、定式八掌练出的功夫，却简单教你几个招数，然后教你怎么甩甩手求放松，是不是就不对了？

我很早就有记录自己练功情况的习惯。最早我将记录视频上传优酷，那里保存了 1 500 多个我训练及宣传的视频。大家可以扫描右边的二维码，按照时间顺序，看看我的拳法是如何一步步变化的。

练拳记录

我从 2010 年大二的时候就开始上传自己练功的视频，至今已经 10 余年了。这期间，我经历了上学、毕业、工作、结婚、辞职、创业，从业余传播武术发展到专职从事武术教学工作。虽不敢说这是一个励志的过程，但我个人深知其中的不易。

我深信自己如果没有看到那个柔道的教学视频，应该至今都想不通内家拳的基础理论。内家拳很优秀但练出功夫来非常困难，仅仅靠一个人的悟性练出功夫的概率太低了，会浪费很多可造之才。只有把内家拳原理、练拳经验分享给更多的朋友，让大家都能够练出来功夫，才是真正的为发扬传统文化做一点事。

投入时间进行武术练习，实际是非常划算的。很多朋友一过中年，身体就出现各种问题。就我身边的人而言，有同事很年轻就有颈椎问题、腰椎问题，甚至一位同事还患有脑部肿瘤。年轻时就将时间投资在健康上，绝对是明智的选择。

现代人需要工作、生活、奋斗，能分配给武术的时间少之又少，大部分朋友练拳的过程，就是跟时间做斗争的过程。

王芗斋前辈说得特别好："学术理应一代高于一代。"因此，如何在尽量短的时间内练出功夫，就是我们共同的研究课题。

另外，学习武术的过程必然是体系化的、循序渐进的。体系化的意义是什么？是哪怕是一个零基础的"小白"，都可以通过成熟的训练方式逐层进阶，直到变成高手。

我们能看到的所有学科都是体系化的！

例如文化知识的学习，一个人从幼儿园、小学、初中、高中到大学、研究生，教案、课时、考核标准，都安排得明明白白。只存在自己不入学，不存在进入了这个体系后无法进步的可能。

例如医学，根据学科区别大概分为：基础医学类、临床医学类、口腔医学类、预防医学类、中医学类、中西医结合类、药学类、中药学类、法医学类、医学技术类、护理学类。按照不同学科要点学习并通过考核，自然就具备了相应的能力。如果成为了行业翘楚，再投入时间、精力深入研究，甚至可能发现前人没有发现的东西，提高整体学术水平。

但这一切都是建立在细分知识点，建立体系化教程，能让人成为高手的基础上。

现在的传统武术则不然，它现状堪忧，很多练习者花费了大量的时间、金钱，却练不出功夫来。传统武术不仅是难以发扬，甚至已经到了连继承都困难的程度。

我通过网课、实地教学，教授了众多的学员。很多有师承、学过其他门派拳法的朋友，也通过各种方式接触到了我的教学。

他们普遍反映，我们的教学体系，不仅能讲明白拳理，而且很容易提高他们的功夫。因此，对于本书中所说的部分理论，我还是很有信心的，也希望大家多思考本书中的技术细节，作为练拳的参考。

老师也有小学老师、初中老师、高中老师之分。武学大道名家辈出，本人水平不高，如果本书的内容对武术练习者能有一点点的帮助，让我能以一个小学甚至幼儿园老师的身份帮到大家，那我便觉荣幸至极了。

四、古代授艺的科学：直线、三角的几何概念

形意拳大师李存义，用三角形概念教授形意拳；

太极拳大师杨澄甫，用直线的概念教授学徒；

大成拳大师王芗斋，用斜面、犄角等概念形容劲力；

太极拳大师洪均生，用力学三角杠杆解释拳理……

武术本应该是科学的，

现代人的模糊教学，偏离了古人练功的初衷。

内家拳是在近 300 年形成的拳法，在清末、民国初年影响力达到顶峰。整个民国武林，内家三拳大放异彩，涌现出众多优秀人才，如太极拳杨露禅、八卦掌董海川、形意拳郭云深等宗师。尤其是形意拳，李存义、尚云祥、孙禄堂等前辈皆为佼佼者，他们为强国强种的民族大义做出了诸多贡献。

万物都在进化，按照一般逻辑，越晚成拳的流派，训练效率应该越高。

三大内家拳——形意拳、太极拳、八卦掌，都以能批量造就人才而著称。我认为它们成功凭借的是正确的技术方向（起因）、合理的训练过程（经过），自然而然造就了人才（结果）。

为什么这么好的东西，到了现代，出功夫的人就少了呢？我认为有如下原因。

1. 理论体系模糊不清

我们现在教拳的方法，模糊概念居多，具体角度较少。从根本上就没有说清楚内家拳的技术原理是什么。例如，现在看书的诸位朋友，能不能回答下列问题以表述一下自己习练的拳法？

（1）如何从零基础到达非常高深的境界？

（2）功夫由浅入深，具体需要哪几个步骤？

（3）在不同的阶段会遇到哪些挫折？

（4）什么样的辅助手段能帮助习练者渡过这些困境？

（5）练习的这些东西与实际应用有什么关系？

如果其中有一个问题无法清晰地回答出来，遇到突发情况就可能没有办法处理，这个坎儿可能就过不去，没法儿持续练下去。

古代的教拳方式其实非常具体、科学，并不故弄玄虚。很多人眼中不易理解的气、丹田、反弓、垂肘等概念，在古代教学体系中是非常浅显易懂的。

为什么我们现代人不懂？一是因为脱离了古代的语境，导致我们难以理解前辈的意思；二是有些老师虽然自己明白，但藏私，不愿告诉大家，导致真传只在少部分人中私密相授。

以形意拳为例。李存义传给尚云祥的拳谱，这样形容横拳："横拳似弹性属土，生劈克钻切合弧，勾股三角极微处，心肝脾肺肾为主。"直接用一句话清晰明了地告诉传人，横拳走的是勾股三角形的斜边（图1中的黄色虚线）。理论非常具体，说法并不玄妙。

以太极拳为例。太极拳大师郑曼青在其著作《郑子太极十三篇》中，专门列一章节——劲与物理，用三角形、圆形理论阐述太极拳的奥秘。他回忆师父杨澄甫时说："吾师澄甫，每每告余曰：发劲须找到一直线，方可发。"杨澄甫宗师在教拳的时候，用直线的概念教授传人太极拳原理，简洁明了，其门下高手众多，享誉盛名。

图1

拳法的传播越来越广，很多文人往拳法里加入了用于解释说明的东西，这些解释说明的东西越来越多，拳却并没有变得越来越容易练习。还有一部分老师特别保守，不为学生说明白其中的原理。缠丝、松沉、圆活、下塌外碾，这么重要且厉害的东西，到了我们这里都成了空话、套话。

任何学科想要培养出人才，理论上必须清晰明了，易于被初学者接受。目前谈到内家拳就聊气、周天的教学方式，除了让人迷糊，没有任何作用。

一个拳法流派怎么才能够人才辈出？近代最后一个成功创出的拳法是大成拳。大成拳创始人王芗斋先生是练形意拳出身，结合八卦掌、太极拳、鹤拳等优秀拳法创编了大成拳，教出了很多高手。与其说王芗斋先生创编了一

种拳法，不如说他发明了好的训练方式，提出了清晰的训练逻辑。

王芗斋先生的拳谱中提到了杠杆力、定中力、滑车力、斜面力、开合力、惊力、弹力、惰性力等，从力学角度讲解功夫，而非从虚无缥缈的概念去讲解，而且放弃了一切套路，只进行功法的训练，开发人体功能。

能批量造就人才的功夫，必然具备科学、容易理解、可操作性强的特点。

当然，我并不反对气、神等说法，当我们有了一定功力之后，这些东西也可以研究。但是前提是先出功夫。郭德纲先生说："先搞笑吧，如果相声不搞笑，那就太搞笑了。"武术也是这样，如果学习者听不懂，练不出功夫，不能实战，就太搞笑了。

因此，我们要建立科学的内家拳理论体系。

2. 训练过程不合理

初学者有了正确的理论支撑之后，还要有一个好的训练过程，量化每个阶段需要花费的时间及达到的效果。为什么？

如今，人们往往没有太多时间练功，平时要工作，除去工作时间，最多只有 2 小时可以练功。相比于古代的职业武师，这样的训练时间可以说是很短了。但是 2 小时的训练时间真的不够吗？负责任地说，如果练得正确，2 小时已经足够了。因此，如何利用每天 2 小时的锻炼，提高出功夫的效率，是我们需要研究的课题。

随着出生于 20 世纪五六十年代的拳师逐渐老去，很多武术的老规矩也逐渐消失了。这批老前辈的师父，都是真正的武术家。很多老前辈的练功谚语、口诀是很有内涵的，大部分是他们对练功过程及经验的总结。现在，这些珍贵的谚语、口诀逐渐失传。

很多人不知道过去的武者怎么练功，于是拿很多错误的东西当作正确的来练。现代社会信息爆炸，各种拳法的说法、功法层出不穷。对于什么是对的、什么是错的，练习者并没有一个清晰的判断标准，于是会轻信某种说法，走上歧途。

现在很多练习者最容易犯的错误是，把结果当作过程。

以形意拳为例，最常见的错误理解是"入门要站三年桩"，这是绝对的以讹传讹。

这里面有一个故事。孙禄堂老前辈的学生齐公博据说不是很聪明，别的师兄弟都能够很熟练地练习形意拳套路，就他自己学不会。于是孙禄堂就安排他踏踏实实地站桩，一站三年。三年过去了，齐公博跟其他师兄弟交手，搭手就赢，于是众人赞叹："入门要站三年桩啊！"

这个故事作为形意门中的励志故事，一直广泛流传，很多人被洗脑，以为一味地站桩，是最快速的出功夫方法，连拳法都不用练。

《逝去的武林》一书中说：李存义教人是不教桩的，看着徒弟们太笨才教桩。尚云祥不练站桩，平时就慢慢地打五行拳。

到底要不要站桩？这两种说法到底哪个对哪个错？有智慧的人总是少的，在"入门要站三年桩"这个故事中至少存在着以下几个逻辑漏洞，明眼人一看便知。

（1）齐公博是在练功，其他师兄弟是在玩套路。三年之后，练功的打不过玩套路的才是不对的！

（2）齐公博站桩三年之后，已经出功夫了，根本不是大家说的入门。齐公博站了三年桩后出了功夫，我见过很多站了十年桩还不出功夫的朋友。现在，所谓"入门要站三年桩"不过是不出功夫的人的自我安慰而已，按理说站桩练对了，三年可能都够用一辈子了。

（3）齐公博站桩，是在孙禄堂口传身授下进行的，站桩站的是对的，所以三年就出了大功夫。而且，前两个月站的桩，肯定跟后两个月是不一样的。第一年站的桩，一定跟第二年不一样。想进步肯定要学习更高深的东西，上一辈子一年级，也解决不了三年级的问题。

因此，更大的可能是，齐公博是在孙禄堂的特殊关照下，在三年时间内取得了不错的进展。这是有心栽培的结果，绝对不是笨人变聪明的励志故事。就好比丑小鸭变成白天鹅，鸭子是怎么都变不成天鹅的，能变天鹅是因为人家本来就是天鹅。

齐公博为何能得到孙禄堂的垂青？历史太久远了，我们无从猜测，然而，可以确定的是，齐公博绝对不是笨人。如果我们信了这个励志故事，并且三年内只站桩，那才真的是浪费自己的时间，最终也很难出多大的功夫。

别的拳种我不知道，形意拳、八卦掌过去都是以快速出功夫著称的。跟着前辈们练三年，就能出来走镖护院、戳杆立旗、打出名堂。杨露禅的儿子杨班侯、杨健侯也是年少成名的。

很多人站了三年桩，但是连技击最基础的距离感都没有。练内家拳却连跟别的流派较量的胆量都没有，算成功吗？练三年拳击都能参加个业余比赛了吧？过去徒弟三年不出功夫，师父还愿意一直教他吗？

要知道，桩功不过是一个特殊的静止状态，是为了培养整劲或者抻筋拔骨。哪怕通过桩功修炼出来了整劲，这也是静止状态下的整劲。若没有动态拳法的引导练习，到实战时，一动整劲就会散掉。拳法训练与桩功训练的关系，其实就是动态训练与静态训练的关系，二者缺一不可。

桩功到了什么程度需要开启拳法训练？拳法到了什么程度需要回归到桩功训练？里面的细节需要有人去量化。

武术有学问，不可以以讹传讹。

五、内家拳与外家拳的区别与联系

内家拳一定柔软吗？

外家拳一定刚硬吗？

内家拳的表现形式是什么，

弱点在哪里，您知道吗？

一个人开始学习武术之前，首先会面临一个选择：武林中门派众多，我应该练哪个？一般来说，传统武术分为两类：内家拳、外家拳。

（一）内家拳、外家拳的划分标准

习惯上，我们把看上去动作慢吞吞的拳法，例如形意拳、太极拳、八卦掌，称为内家拳；而将动作快速连贯，看上去刚劲有力的拳法，称为外家拳。

然而这样的区分标准并不是很合理。

以号称内家拳的陈式太极拳为例，其中的二路炮捶频繁发力，看上去快速有力，而杨式太极拳也有一种非常著名的练法，叫作太极快拳，若以演练速度为标准来分，这两种太极拳都应该属于外家拳的范畴。再看号称外家拳的少林拳，其中柔拳这一流派缓慢绵软，十分符合内家拳的标准。

如果按照世俗的理解，以气感、经络为标准进行划分呢？外家拳是否就不练气了呢？少林拳有柔拳、心意把，八极拳也有专门的气功，那它们算不算内家拳呢？可见，以气感、经络为标准来分内家拳与外家拳，也是不合适的。

（二）拳无内外，其理皆通

现在所谓的内家拳，不过是近 300 年间出现的，它的形成与创建，离不开之前所谓外家拳的武术基础。

黄宗羲在《王征南墓志铭》中，第一次提出了"内家""外家"之说。文章开门见山说道："少林以拳勇名天下，然主于搏人，人亦得以乘之。有所谓

'内家'者，以静制动，犯者应手即仆，故别少林为'外家'。"因此，内家拳与外家拳的区别更多的是表现在击打效果上。

被打的人重心不稳，跌仆而出，这是内家拳最具有代表性的特点。因此，即使您练习的是内家拳，在技击时，如果做不到把人打得站立不稳、犯者立仆，就没有达到内家拳拳理的要求，也就不是内家拳。

而大家以为的螳螂拳、八极拳等外家拳，如果能够做出以上效果，也一样可称为内家拳！

很多人听到这里会感到很诧异，因为这与大众的观念相悖。造成这种观念差异的原因，归根结底还是大部分武术练习者没有深入研究过各个拳种的拳理。

八极拳有六练八要：

一练拙力如疯魔，二练软绵封闭拨，

三练寸接寸拿寸吐露，四练自由架式懒龙卧，

五练脏腑气功到，六练筋骨皮肉合，

七要尊师与重道，八要仁义与有德。

八极拳练到了第二层，就"软绵封闭"了，风格是不是就很接近大家以为的内家拳了？可见，虽然人们把八极拳归类为外家拳，但其拳法理论根本上还是属于内家拳。

螳螂拳有中直、八刚、十二柔的拳法理论，如果大家深入了解，也自然地会把它归类于内家拳。

那么问题来了，除了击打效果，内家拳与外家拳在训练方式上有没有根本的区别呢？如果不搞明白这个问题，很多朋友就会即使学的是内家拳，也很容易把它练成不破坏对方重心的外家拳。

为何大家普遍以为内家拳动作缓慢，而外家拳动作迅速？其根本原因是内家拳与外家拳侧重练习的部位不一样。

按照拳谱所言，人的身体分为三节：梢节、中节、根节。

从全身来讲，腿为根节，腰腹（丹田）为中节，胸腔以及上肢为梢节。

从上肢来讲，手是梢节，肘为中节，膀为根节。

从下肢来讲，脚是梢节，膝盖是中节，胯是根节。

从手上来讲，掌根是根节，指根是中节，指尖是梢节。如图 2 所示。

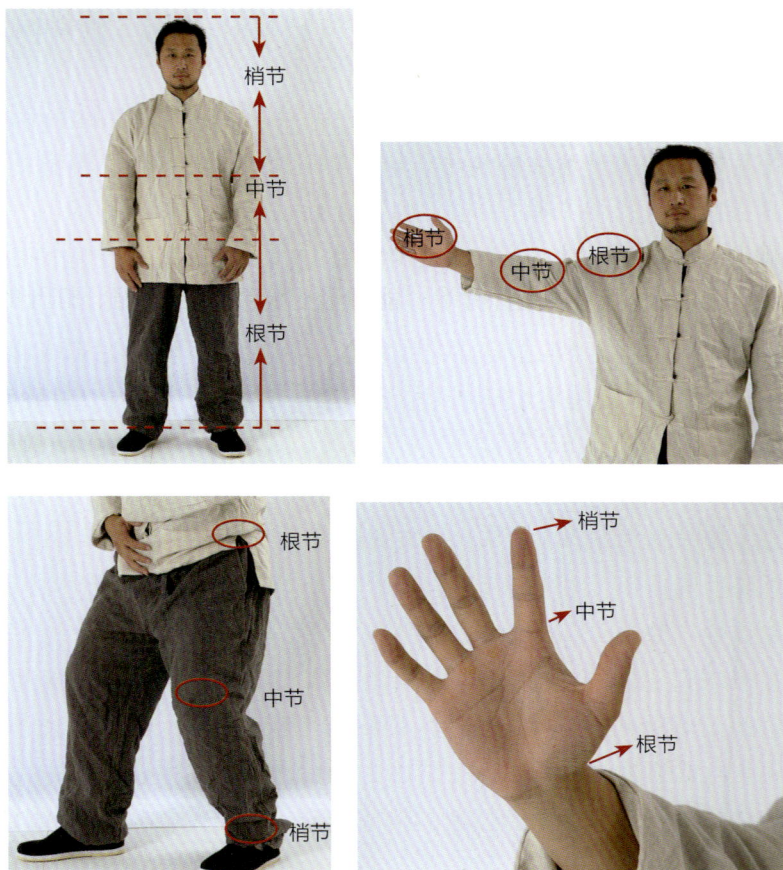

图2

　　所谓外家拳，是以训练手脚（梢节）为开始的，因为手脚运动范围大，故运动速度快，很容易在外形上看出来，显得迅捷刚猛；而所谓内家拳，是以训练膀胯（根节）为开始的，膀胯的运动看上去没有手脚那么快，导致动作看上去慢吞吞的。实际上膀胯的运动也很快，不过从外形上看不出来而已。

　　从这个论点出发，大家可以思考一下，常见的太极拳、形意拳、八卦掌，是不是从基本功开始就要求膀胯要运动？例如，太极拳大部分动作都是两脚固定，通过转腰转膀运动身体。

　　然而大部分内家拳练习者只注意练习手法，练习套路的过程中手臂摆来摆去，却没有躯干的吞吐变化，这样的练法练不到根节，怎么能达到内家拳的养生及技击要求呢？

以形意拳为例，形意五行拳劈、崩、钻、炮、横，号称对应肺、肝、肾、心、脾。都说劈拳强肺，但是如果练得不对，以梢节劈击，活动的是大臂、小臂，压根儿练习不到胸部，怎么可能有强肺的作用呢？

错误的劈拳：脊柱没有变化，只屈伸胳膊，也就是身体的梢节。如图3。

正确的劈拳：背部呈弧形，配合特殊的呼吸方式，压迫胸肺。如图4。

如果我们以膀胯、脊柱打劈拳，能明显感觉到胸腔压缩、打开的过程。

图3

图4

从解剖学来讲，这期间，随着深沉的吸、呼，横膈膜大幅下降、上升，肺部会得到伸长、压缩，在膈肌的带动下形状产生变化。这样的劈拳才能起到强肺的作用。

正确的练习方法能够明显练习到根节，不是用拳头直接发力，而是膀胯催拳头，脊柱催膀胯。长期坚持用这样的方法练拳，才能训练五脏。而用错误的练习方式练拳，练的都是手臂、双腿等梢节和中节，脊柱没有变化，练不到根节，自然达不到健身或出功夫的效果。

不止形意拳，太极拳、八卦掌也是这样。大家反思一下，自己练的是不是梢节和中节？是不是手臂的运动多于膀胯的运动？

大家自己有时候看不出来，若自己能发现不足，就可以自行改正、进步了。

为何内家拳要放弃快速的梢节动作，而练习看起来慢吞吞的膀胯动作？这是不是舍近求远呢？

在技击中，重心与打击力量的辩证关系起到了至关重要的作用。

就打击力量而言，手脚离躯干远，有充分的做功距离，打击力度一定大于膀、胯。例如：拳、脚打击到物体上的力量，肯定要大于膀、胯的打击力量。

然而就破坏重心而言，膀、胯这种更接近躯干的部位能够借用更多的体重撞击对手，用很短暂的碰撞破坏对手的重心，让对手站立不稳，产生"犯者立仆"的效果，这一点是拳、脚的远程攻击做不到的。

重心与打击力量在实战中都很重要，但重心的优先级要高于打击力量，因为当人重心不稳的时候，什么有效的动作都用不出来，无法反击。

在现代博击赛场可以看到，拳击高手被柔摔高手控制住重心抱摔之后，他之前的快速移动、迅捷打击的技术就再也无法使出了，只能被摁在地上击打。

内家拳更重视用膀、胯的力量破坏对手的重心，传统武术将其叫作催根。形意拳号称"把把虎扑"，其义就是练好了内家拳，也可以拳打脚踢。与外家拳不同的是，内家拳拳打脚踢的力量来自膀、胯、脊柱，能够通过短暂的接触撞击对手重心，让对手站立不稳。

这一点不同于摔跤。摔跤需要借助把位近身，进行柔摔。内家拳练习推手，讲究搭手放人，就是利用膀胯调动体重发力，通过手臂的接触点打击对手重心，虽然一样是拳打脚踢，但是每个动作都能控制对手重心、破坏对手平衡，使其站立不稳，达到令对手"立仆"的效果。

因此，真正的内家拳，可以说是用搏击的招数出拳、出腿，来达到如同摔跤一样重心控制的目的。举例如下。

以图 5 为例。

图 5

（1）我以右手劈拳撞击对手前手，并威胁对手重心。

（2）我借用对手前顶防御的力量，左手从下方穿出，控制对手后手。

（3）同时我左腿上步，管住对手前腿，令其站立不稳。

（4）在对手失重无法反击的情况下，我用后手塌掌进攻对手薄弱的肋部。

大家可以扫描前勒口的二维码，观看相关视频详解，其中的细节一目了然。

现代搏击根植于西方的动力链发力方式，在使用拳、肘、腿、膝打击的过程中，大部分以打点伤害为主，而不以破坏对方重心为主。

西方的柔摔类项目，主要应用于近身搏斗，很难通过远程拳脚打击的方式控制对手重心。

而在东方文化熏陶下的内家拳，训练膀、胯、脊柱发力，可以通过拳打脚踢持续破坏对方的重心，完全不同于西方的柔摔。假如现代搏击的运动员学会了内家拳的发力方式，再结合搏击的打击方法，可以如虎添翼。

如果我们一直模仿、学习西方，永远是亦步亦趋，那势必难以超过他们。如果我们的运动员深入研究中国传统武术中的发力方式，就能在本来就很高的水平上，继续提高自己的能力。

别人打你时你能防御，你打别人时别人就站不稳，重心持续被你控制。想想，这样的情形下对手得多无奈？如果能深入学习，这样的打击方法很容易做到。

总结一下，内家拳的核心就是优先训练膀、胯，利用体重产生破坏对手重心的力；而外家拳更加重视打击力量，通过优先训练梢节，也就是手足击打，形成速度快、位移大、看上去刚猛迅捷的风格。

如果您的内家拳没有练到膀、胯，推手过程中总与对手顶牛，不能通过短暂的接触破坏对方重心，那大概率就是练错了。在推手这种慢速的运动中都无法破坏对手重心，何谈快速击打呢？

（三）只练外家拳或者只练内家拳，可以吗？

功夫考验的是一个人的综合素质，训练不能偏重一项，从膀胯（根节）到肘膝（中节）到拳脚（梢节），要周身劲整，缺一不可，不然技术就会有短板，遇到高手就会落败。

举个例子。

某甲练习太极拳多年，平时缓慢练习套路、推手，根节发力如山倒岭塌，曾自满于自身的爆发力。然而由于平时没有进行过梢节练习，例如步伐的快速移动、拳法的高频打击等，一遇到快速对抗，动作速度就跟不上，很容易被别人两拳打倒，数十年纯功全无作用。

某乙练习外家拳多年，不按照拳谱要求训练中节、根节，仅训练梢节的速度，自满于拳脚梢节动作快速有力。倘遇到三节劲整、善于破坏重心的高手，某乙很容易会被膀胯之力催根，在与对手冲撞的瞬间失去重心，被对手轻松击倒。梢节速度再快，也全无用武之地。

对于三节的锻炼，被世俗认为外家拳巅峰的少林拳派的秋月禅师曾说："掌心力从足心起，一指霹雳万人惊。"

可见，即使是大家以为是外家拳代表的少林拳，也要求力量从脚底根节起，贯穿腰胯中节，到达手指梢节，形成三节劲整。而且少林拳对于身法的要求是滚进滚出。少林拳中最具代表性的心意把，也是摇膀活胯练根节，与内家拳的锻炼并无本质区别。

传统武术与现代搏击的不同大概也在于此。从底层逻辑来讲，现代搏击用动力链发力，而内家拳用丹田发力。发力方式不同，导致了技术层面的表现形式完全不同。

如同英语与汉语拼音一样，虽然同样是字母 ABCD，但是英语中的 ABCD 和汉语拼音中的 ABCD 发音完全不同，最终导致英语和中文的发音、组词完全不同。

如果大家始终以西方搏击的眼光来看内家拳，肯定会觉得内家拳慢吞吞的，不能实战，因为没有快速移动，就如同以看拳击训练的眼光去看摔跤会感觉摔跤动作好慢一样，然而，你能说摔跤不能实战吗？

拳法本无内外，内家拳和外家拳训练的侧重点不同，一个先练根节再练梢节，一个先练梢节再练根节，但殊途同归。练习外家拳的朋友参考一下内家拳对根节的训练，也许能更快地提高功夫；练习内家拳的朋友，如果参考一下外家拳对梢节的训练，也能缩短出功夫的进程。

六、现代人虚无缥缈的门派归属感

门派能够丰富人的社交圈？

你在这个圈子里能收获什么？

它值得让你成为它的"死忠粉"吗？

多接触点其他门派、圈子不好吗？

很多武术爱好者沉迷于武侠作品，喜欢强行把自己所学归于某个门派，故步自封，不向其他流派学习，甚至美其名曰"保留某门派的纯洁性"，似乎是学的流派越少，功夫越纯。

武术是门实战的学问，目的是养生或者技击。以武入道的话题我们前面已谈过。人往高处走。假如一个人不能发现自己的缺点并广泛求助于多个流派尝试解决，那么越练某种拳法，他就会变得越固执、越没有自知之明、越难以进步，那还练这个拳干吗呢？

或许由于太崇拜某个拳法了？但假如这种崇拜让你成为井底之蛙，那是不是越练就越倒退了呢？

很多学员意识不到这一点。

经常有人问我：庞老师，练功要朝哪个方向？站桩太累的时候能不能动一动？饭后多长时间可以练？出这么多汗，不会有问题吧？

按照古人的收徒标准，问这种问题的朋友都属于练武的中下之资，为何？

我们细细道来。

（1）练功朝哪个方向？

古人讲："朝不面东，暮不面西"，是指对敌时不要面对强光，否则逆光之下，难以辨清对手的攻击，这是基于实战总结出来的。练功时强调方向，是为了形成习惯，但不可拘泥。过去习武之人走镖护院，遇到冲突，随时都可能战斗，突发战斗时他难道还要遵守练功的方向？如果敌人在北面，有要求说永不向北，难道他们要背对敌人作战吗？

（2）站桩太累的时候能不能动一动？

小学生被罚站都知道累了要歇歇，站桩累了为何不能动？而且站桩的动是有讲究的，按照规矩动反而有助于功夫上身。如果练了这么多年拳，却连给自己做主的能力都丢失了，那还不如小学生呢。若真如此，这些年为练拳所付出的努力，起到的就都是反作用。

（3）饭后多久可以练？出汗多有没有问题？

饭后半小时甚至1小时内不能运动，此时运动会影响消化系统的工作。至于出汗多，人跟人不一样，体脂高、体重重的人自然更容易出汗，身体瘦弱、体质差的人也容易出汗，甚至有的身体健康的人也爱出汗。

我教过很多学员，有些学员缺少逻辑思维能力、判断能力，盲从无道理的东西，不会主动思考。哪怕我很认真地教学，细分要点，他们也很难练出功夫。如果大家多反思自己的行为，能通过练拳培养出逻辑思维能力、判断能力，那就有以武入道的兆头了。

很多习练者可能自己不懂武术，受到一些老师的影响，产生了很多奇怪的理念，例如认为练太极拳不能练力量！

要知道，武术讲究对抗，肯定是力量越大、速度越快，成才的概率才越高。力量是所有对抗运动的基础，在力量差不多的前提下，才能谈技巧。太极推手运动员练力量、抓对抗，广泛为人诟病，被认为是偏离了太极拳的思维。持这个观点的朋友应该没跟人对抗过。对手的力量大到您掤都掤不住，一冲您就站不住了，何谈化解呢？

武术能养生的底层逻辑在于，刻苦的训练可以提高人的身体素质。只有身体素质好，才能健康、长寿、提高生活质量。

我们都听说过，功夫好的老前辈练功很刻苦，一天练很多遍拳，甚至练到上床时腿都抬不起来。这就是在练腿部力量。

还有人认为练形意拳不能练散打、摔跤，练了就是欺师灭祖。而事实是，形意拳自古到今都以实战能力著称。

如果连现代搏击都没对抗过，就妄图研究形意拳，是根本理解不了形意拳功法中关于实战的那部分的。

没有跟摔跤对抗过，就妄图研究太极拳，也不能发现太极拳推手中那些优秀的、与摔跤不同的重心控制技术。

这样的朋友即使有好的传承，也空入内家拳宝山，学不到真正的核心。

虽然嘴上不承认，但这些武术习练者往往心里认为传统武术很脆弱，认为练了现代搏击就背叛了传统武术。如果传统武术真的那么脆弱，可能早就经受不住时间的考验而消失在历史的长河中了，根本流传不到现在。

程廷华先生是练摔跤出身，不耽误他学习八卦掌成为一代宗师；

郭云深、刘奇兰两位先生是学八极拳出身，不耽误他们学习形意拳；

李瑞东是练摔跤出身，不耽误他成为太极拳高手；

朱国福、朱国禄两位先生练拳击和摔跤，不耽误他们成为形意拳佼佼者；

卜恩福先生是当时的拳击、击剑、摔跤冠军，这也不耽误人家成为大成拳高手；

……

这些前辈不仅没有背叛传统武术，反而都是当时的佼佼者，为内家拳发展做出了突出贡献。

传统武术的很多特点是现代搏击所不具备的，能够给现代搏击提供参考。身为现代武者，要弄懂不同流派的特点，才能够通过对比，发现自己门派武术的长处，并阐述出来。

虚无缥缈的门派归属感、故步自封的研究态度，是传统武术进步的最大障碍。

拳谚有云：人从三师艺更高；拳加跤，艺更高；八极加披挂，神鬼都不怕。

以一个门派为基础，接触的流派越多，越容易通过不同视角找到武术的真谛与核心。如果把出功夫作为目标，那么不同门派的训练体系就相当于不同的解决方案。

有肺部疾病的朋友，呼吸能力弱，不适合练快速出拳出腿的少林拳，改练缓慢运动的内家拳更合适，所以他可以学习太极拳的训练体系。

有的人身高体壮，精力充足，练习少林拳可快速提高实战能力，他就可以学习少林拳的训练体系。

只要训练时间足够、方法正确，无论先天素质高低，有心人都能通过练习武术达到强身健体甚至技击的目的。因此，朋友们不必执着于练内家拳还是外家拳，按照自己的脾气性格、身体素质、文化喜好，选择适合自己的就可以了。

七、武术爱好者与武侠爱好者

您喜欢的是练武术还是谈武术？
拳师皆勇猛果敢之辈。
踏实练功并且水平高的人，
才会被口口传颂。

我们可以大致将喜欢武术的人分为两类：武术爱好者、武侠爱好者。

武术爱好者是喜欢武术，并且愿意花时间练习的人。这类人，行动放在思考前面，即使没有好的老师，他们也能够按照以前跟老师学的，甚至自学的基础练习，以期获得更高的功夫、更健康的身体。

而武侠爱好者的兴趣在于谈武术、思考武术，而非练习武术，为了满足心中的武侠情结，他们可能会进行少量的练习。

武侠爱好者在喜欢武术的人里面占大多数，这类人可能会通过练习武术获得健康，然而不容易出功夫，更别说成为高手。

很多朋友经常问我："练内家拳，每天练多久能出功夫？"这个问题其实很好回答，关键是大家对自己的定位。

如果您练功是为了身体健康，每天练半小时就足够了；如果是为了在当地能够有名气、比别的武者强，每天练 2 小时是差不多的；如果想传承功夫，将来当师父授徒育人，那么每天必须练 3 小时甚至更多的时间；如果想名留青史，功夫水平赶上尚云祥、孙禄堂等大师，一天训练 4~6 小时才靠谱。

练功夫没有捷径，最重要的是在正确道路上持续前进。王道无近功，大器必晚成，想收获多少，就需要投入多少时间精力。

但是，并不是努力就能够出功夫，方法很重要。

有正确的训练过程，才会有正确的结果。如果您是武侠爱好者，可以多参考本书的讲解，多了解拳理，以便更好地理解功夫；如果您是武术爱好者，找到正确的方向然后努力练习吧。

八、武术养生与技击的悖论

人多好逸恶劳，

想健康长寿但不想下力气、出汗。

怎么才能长寿？

长寿的核心是不是更强的身体素质？

练功没有强度，跑跑步都气喘吁吁，

您说您练的是内功，能养生，

您自己信吗？

内功是什么？

在内家拳中，内功大概可以分为以下两个方向：

（1）呼吸吐纳的养生内功；

（2）一触即发的、可以实战的内功。

一触即发的、可以实战的内功实际就是整劲，可以通过科学的训练方式在短期内训练出来。在训练出整劲之前，都是在找劲。然而现在练武最大的问题是，找劲这个过程非常漫长，动辄十几年，甚至有的人耗费数十年都找不到正确的内家拳劲路。

找到内家拳的劲是练习内家拳最基础的要求，如同拳击中的直拳。练直拳时，通过单人的训练找顺动作，就能打出更大的爆发力，这就叫找到了直拳的劲。找到劲之后再训练才能有所提高。不要把找劲想得太难，找劲实际很简单。

呼吸吐纳的养生内功的原理也非常科学。通过拳法的锻炼，我们的肢体可以变得强健，但我们的内脏如何得到训练呢？根据解剖学知识，在身体的中段，胸腔与腹腔的交界处，有一个组织叫作膈肌，它起到隔开胸腔与腹腔的作用。人体内有很多脏器，比如心脏和肺、肝脏都与膈肌相连。在呼吸吐纳的过程中，横膈膜，也就是膈肌，会带动内脏上下移动。在呼吸吐纳过程中，除了膈肌，盆底肌也在运动。膈肌与盆底肌之间的内脏都会随着腹压的变化进行挤压和放松。好的呼吸吐纳方式，相当于一直在对内脏做按摩，这一点是外部肢体锻炼难以替代的。

然而不能太痴迷于呼吸吐纳的养生功效。迷信呼吸内功是很多武术爱好者的通病。内家拳是内外兼修、肢体与脏腑全面得到锻炼的武术，偏重任何一方都是不对的。

养生的核心是什么？

当然是强大的身体素质！

练武不过是通过正确的训练、比别人大的运动量，提高身体素质。

武术是对抗的艺术，所有技术细节都是围绕让身体肌肉变得强壮，将筋骨、气息调整到最佳状态而安排的，目的是打败对手。

只有技术细节到位才能通过武术养生，并且这个练习过程肯定是痛苦的，因为很多平时练不到的肌肉会酸疼。李小龙形象地说：练武就是自讨苦吃的过程。一语中的！

从本质上来讲，养生是技击的副产品，冲着技击练一定能得到养生效果。古人云：取其上者得其中。很多人冲着养生的目的去训练，觉得自己要求不高，动动就行。于是随随便便找个老师，动作也练得不到位，结果就是很容易受伤。运动强度小，生怕出汗，气血自然得不到很好的锻炼，又怎么可能改变原本羸弱的体质呢？这是"取其中者得其下"。

外面的肌肉都锻炼不好，又怎么从外到内强化内气呢？锻炼外部的肌肉相对而言还是有章可循的、容易的，内在的气息如何正确地锻炼呢？

懂内功的老师比懂武术的老师还难找，就连最强调意念的大成拳的创始人王芗斋先生都讲："意念是建立在正确形体状态上的，如果外形不对，意念都是空想。"但是经常有武术爱好者忽略基础。很多人跟我说想打通大小周天，要知道，想打通大小周天，得先花点时间学学中医，先研究一下子午流注。搞清楚中医的基础理论，才能判断教你打通大小周天的人是肚里真的有货还是在忽悠人。

有的朋友说，我之前练打坐导引，效果没你说的那么差，身体好了很多。这种情况确实存在，因为运动就比不动强，但您如果试一下真正的武术训练，出点汗下点力，可能身体会更好。

九、如何选择正确的老师：明师、庸师与刁师

受人尊敬的老师，

都有一个共通的特点，

那就是，

他教授真正的东西。

很多朋友都因为不正确的练功动作而膝盖伤痛。以站浑圆桩为例，错误的练法都是上身直挺挺的，所有的重量都沿着红色箭头落到膝盖上（图6），长期如此训练，膝盖肯定会疼。

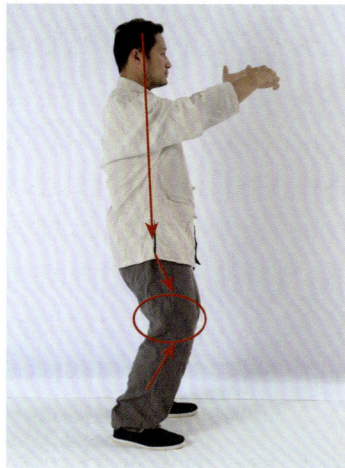

图6

图6中的这个错误的浑圆桩动作，很多人认为是正确的。他们以为该动作正确的原因如下：

（1）上身直挺挺的，仿佛符合拳谱中的立身中正原则；

（2）看上去很协调、放松，大多数人都是这么练。

然而这是一个极其错误的动作，若长期用这样的姿势训练，形成了错误的形体姿势，那以后练什么动作都是错误的。

太极拳有个很重要的拳理叫"支撑八面"，在练浑圆桩时，假如动作做对了，左右、上下、前后都会具备掤劲，很容易做到左右方向有力，因为头部与两腿构成了一个稳固的三角形（图7）也很容易做到上下方向有力，使别人摁不动。

但是在前后方向上，大部分人是无力的。我们有一个体验课程叫作"两根手指检验内家拳漏洞"，讲的就是这个事儿。让对手用两根手指沿着图8中

黄色箭头的方向，推一下你的手腕或者胸口。大部分朋友会站立不稳，要么与来力顶抗前倾，要么被两根手指推得后仰，做不到立身中正。

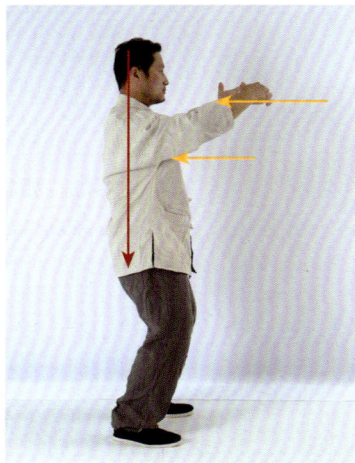

图 7　　　　　　　　　　　　　　　　图 8

　　站浑圆桩，在左右方向稳定，在上下方向稳定，在前后方向却一点力量都受不了，这符合支撑八面的拳理要求吗？前后方向的问题解决不了，这个浑圆桩就是残缺的、有瑕疵的。

　　其中的原理很好理解，参照图 8，身体就像红色直线般直挺挺的，遇到黄色箭头所示的前后方向的力量，立刻会完全受力，因为来力完全垂直于躯干的红线。

　　对手跟我们对抗时，总会给我们前后施加力量以破坏我们的重心。所以按照这种方式训练，养成习惯后，无论练套路还是实战推手，遇到前后方向的力量就一定会顶抗，自己的重心很容易就前倾或后仰。大家以为的"立身中正"，反而达不到立身中正。古人所谓的立身中正，指的是受力后依然能保证立身中正，而不是只在练拳的时候直挺挺的。这在形意拳前辈薛颠先生的著作中叫"身如杆立易跌仆"，是不是很形象？直挺挺的身法姿势，就像立直的杆子一样，一碰就倒。

　　大家特别容易错误地理解拳理。例如圆裆，很多朋友在站浑圆桩的过程中，喜欢两膝盖外撑或者里扣。这两种训练方式从本质上来说都是错的，如图

9、图 10 所示，都会让身体的重量落到膝盖内侧或外侧。

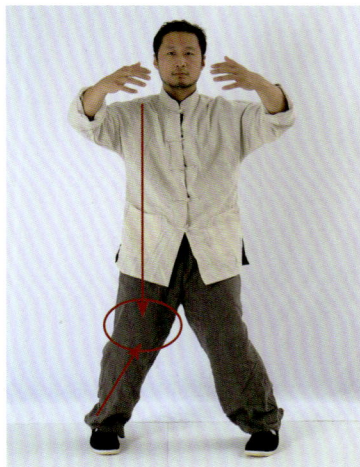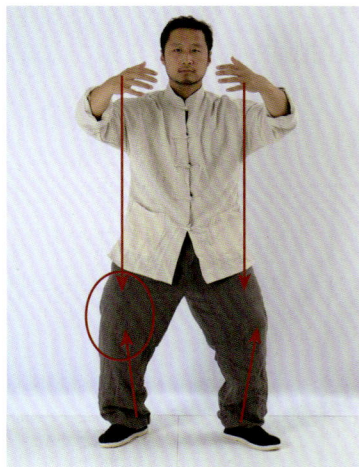

图 9　　　　　　　　　　　　　图 10

正确的站桩动作，无论对于慢性病还是骨骼伤痛，甚至神经系统的问题，都有很好的康养作用，前提是动作姿势正确。大部分人要么直挺挺地站，要么撑圆裆部，要么扣膝。而站桩作为静态训练，动辄就须练 40 分钟到 1 小时，错误的站姿会让体重压力长时间地集中在膝盖。大部分人站桩不出功夫，甚至练伤膝盖的原因就是站桩动作不对。

练武的过程就是思考的过程，受伤了自己不去找原因，或者咨询明白的老师，却持续地按照错误姿势训练，只会离正确的方向越来越远。因此，以武入道在某方面也可能是让我们通过武术练习学会处理问题。人在进步过程中总会遇到各种问题，一帆风顺几乎是不可能的。遇到问题，能采取相应的方法解决，人的能力才会得到锻炼。

有的朋友想去解决自己膝盖的问题、站桩姿势的问题，却被自己的老师或者朋友阻止，说你想请教的人不好，功夫不好，你不要听他的。努力想改变现状，却被别人阻止，导致无法进步，这种情况很常见。

武林是一个大染缸，水很深，有好人也有坏人。练拳过程中，有些事只能靠自己去判断，但有时候自己也靠不住，因为很多人没有反思的能力。大部分朋友学拳之前就认定了某个拳种是自己喜欢的，自己对自己洗脑；加上大部分老师比什么都不会的学员水平稍高，很容易通过洗脑让学员更加迷信他，产生以师为父的感情，对老师言听计从。这在过去叫拴马桩，用你想得到的东西，把你拴在门派的柱子上。慢慢地，学员自己也就认同了老师的话，决定通过这个门派的训练方式，达到一定高度，仿佛一旦质疑这种训练方式就是对门派的背叛一样。

我的教学观念跟很多门派的观念冲突很大，如前面说的关于浑圆桩的问题。我们实地培训时，学员体会很好，但是事后还是有一部分学员放弃了这个训练方法，依然沿着老路去走，因为很多人对于之前的练法有了依赖，形成了惯性，舍不得放弃。

在这里，我也告诫年轻的朋友，学武术不要轻易拜师。师父是一个人的名片，没有经过多年接触，很难了解这个人的人品，如果拜了一个品行不好的人为师，是会被人笑话的。

一个老师如果动辄几百号徒弟，但徒弟中只有一两个出功夫的，我建议还是别跟他学了。这一两个出功夫的也可能不是他教出来的，有可能是参详其他门派的拳法出的功夫，不然剩下的几百个徒弟怎么会都没有出功夫？

十、学拳与资金投入

学任何技术都需要交学费。

一个行业，如果从业者不赚钱，

就不会有年轻人进来，行业一定会没落。

传统武术因为镖师行业没落，

年轻人练武不赚钱，

才逐渐衰败。

国人不习惯谈钱，仿佛金钱是罪恶的。

谈到跟随别人学习，不可避免地要谈到费用问题，这跟金钱观无关，跟武术的生态有关。

现代搏击为何能够兴起？

（1）年轻人花钱学搏击，教练能开拳馆获得收入，于是教练的经济收入得到保证；

（2）年轻人学拳后可以打比赛，获得知名度，出场费、比赛奖金、广告代言费等保证了运动员的收入；

（3）从事搏击的年轻人有收入，于是不断地有新的搏击选手加入进来，赛事方有充足的人员流动及补充，有条件举办各种的赛事，这是盈利的前提；

（4）赛事方有众多的高手竞技，有了炒作的可能及新闻热点，转播方有了优秀的内容，媒体平台有了获得收入的可能；

（5）搏击爱好者能从不同的平台看到搏击比赛，满足了自己的爱好，可能会有一部分爱好者为了自己的爱好花钱去学拳，甚至成为职业搏击运动员，加入这个循环。

按摩、理疗、广告、计算机……任何有生机的行业都一定是能吸引年轻人参与进来的。按照学习、就业、工作、赚钱的环节一个不缺，行业才能够蓬勃发展，而传统武术没有这个流程。

传统武术没有形成一个吸引年轻人进来的经济体系。没有人才涌入这个行业，何谈发展呢？

洪均生先生学太极拳的时候，是一堆一堆银元地给；王芗斋先生教拳的时候，学生也是金条、银元地送。任何行业，如果出现从业者没有收入的情况，这个行业一定会消失在历史的长河中。

有的时候老师可以因为情怀或者抱负免费教学，但是学生不要有免费学的想法。商业的本质是交换，老师能教技术，对你好，你能给老师什么？为众人抱薪者，不可使其冻毙于风雪！习拳者一定切记，老师收费教学我们好好学，老师不收费教学我们感激，但也不免费学，这样才是顺从交换的本质，顺从交换的本质，才能维持老师最高的教学热情。

老师心中都有杆秤，感情或者金钱不到位，就不会把珍贵的东西告诉学员。而且功夫越好的老师，自己在功夫上的投入越多，越把技术看得重要，越不会轻易教给人。

与其相互猜测，不如明码标价。明码标价的东西其实是最经济的，无论这个东西多贵，总有价格，学不起可以努力工作赚钱，赚够了再学。最怕的是不说多少钱又需要你不停投入的老师，跟着这样的老师学，很可能学不到东西，又浪费了金钱和时间。

我曾见过一位著名的咏春拳大师，虽然学费不低，一趟拳 10 万元，但我个人认为这种形式非常好。

我见这位老师的那天，有几个外国朋友开私人飞机带翻译来上私教课。

虽然我走的是广泛传播路线，但丝毫不影响我对这位老师的尊敬。

他对自己的功夫非常自信，"我教给你的东西一定值这个价钱"。他也深信自己所教的东西的价值会超出学生花的钱，不然不会有这么多人大老远跑来跟他学习。并且事实上也是，他有很多优秀的学生！

老师能给我们什么？我们能给老师什么？

我希望武术的后学都能想明白这个道理，不要像我一样走很多弯路。要懂人情世故，不被骗，不在这方面浪费时间。要记得，时间远远比金钱重要得多！这可能也是以武入道的一种表现吧。

传统武术想复兴不容易，我认为需要几代人的努力，且至少要完成以下

3 步：

（1）建立让所有人都能懂的技术理论体系；

（2）规范训练流程，使人只要练就一定能出来功夫；

（3）产生优秀人才，年轻人能靠这个赚钱，摸索能让拳法广泛传播的经济体系。

这一点咏春拳做得很好，值得我们学习。在没有太多政策干预的前提下，咏春拳传人完美地做到了以上三点，并把咏春拳传播到了全世界。

而曾经北拳南传的内家三拳，却远远没做到这些！

因此，我写了一本书——《实用形意拳》，尝试介绍东方文化下的形意拳与西方文化下的搏击体系的区别，在理论上讲清楚东方武术与西方武术的根本性区别在于发力，发力不同导致两者的表现形式截然不同。

本书即我的第二本书，则尝试把内家拳练习过程中的含糊概念，通过几何结构、力学分析为大家讲清楚，以加深读者对内家拳理论的理解。

传统武术急需一个翻译，把拳术中晦涩难懂的东西用现代语言表达出来。就如前文所讲，浑圆桩的错误站姿，用几何垂线的原理说明，大家立刻就能听懂。

每个民族都有尚武精神，我希望能够通过我们科学的训练系统，培养出一部分有功夫的人，以实战效果证明武术的价值。希望通过几代人的努力，能够把这个事情做成。

第二章

内家拳

练习中的基础

几何原理

　　武术的基础原理，与书法的基本要求相同：横平竖直。如果做不到横平竖直，就很难谈后面的奇正相合。

　　很多武术练习者所练的基础的东西是错的，所以不长功夫，更没有提高的可能。

一、太极拳与形意拳的区别与联系

要了解太极拳与形意拳的核心区别，

首先要明白，

几何学中的空隙、

化力中的滑轮、

发力中的锁死，

到底指什么。

内家拳有三大拳种：太极拳、形意拳、八卦掌。很多朋友不了解它们的区别在哪儿。形意拳、八卦掌由于拳理相似，在董海川、郭云深两位前辈的努力下合为一门，所以这里就把两者合二为一，以形意拳为主与太极拳进行对比、探讨。

形意拳与太极拳有什么区别？很多朋友对此丈二和尚摸不到头脑。有人说：形意拳重视发力，太极拳注重柔化。那形意拳柔化着练不也成太极拳了吗？陈式太极拳二路炮捶也注重发力，为何不叫形意拳？可见，以发力为标准区分形意拳、太极拳是不合理的。

我们从人体的几何构造上来思考这个问题。如图 11 所示，人的身体有 4 个大的空隙：两肩、两胯。当我们松开肩胯之后，上身躯干（忽略下肢）如同一个圆柱体，在这4 个空隙中转动。（图 12）

因此，在练习内家拳的过程中，如果我们不看重四肢的运动，身体这个圆柱体得不到充分旋转，那就达不到训练效果。

练内家拳实际上最先要做的一个事情就是内外分家。四肢这些容易活动的部位为外，被肩和胯包围的躯干为内。内家拳，顾名思

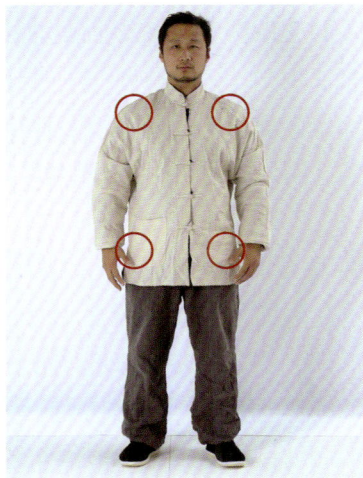

图 11

图 12

义，更应该活动内里。然而大部分练习者练功过程中没有练到内，而是用容易活动到的手臂、腿脚去练，于是很难碰触到内家拳的核心。

回到 4 个空隙。当实际推手中，对手试图破坏我们重心的时候，我们应如何化解呢？这 4 个空隙可以充当滑轮结构，把对手指向我们重心的力量分解掉，引向大地。所以任何内家拳都要求肩胯要放松。

内家拳练的无非是两个东西：化力、发力！在化力的时候，滑轮越多，就能够越多地分解对手的力量，也就越省力。

因此，无论什么形式的内家拳，相对于外家拳来说都是脚尽量少动。两脚尽量固定在原地，然后摇膀活胯，练习用 4 个滑轮化解力量的能力，其中比较著名的动作就是站桩。站桩为何能够提高功夫？因为站桩是在两脚不动、两手抬起来固定不动的前提下，身体内部按照特殊方法运动，活开肩胯，练习身体内部。所以前辈们这样说站桩："不动之动，谓之真动"（郭云深前辈），"桩功慢慢以神意运之"（薛颠前辈）。

但是，在发力的时候，力量需要过渡到对手身上，滑轮越少，过渡到对手身上的力量越多，力量损耗越少；滑轮越多反而越起到反效果。因此，这就又引出了站桩中的另一个思维——固定两胯不让它移动，抻筋拔骨，同时固定两肩结构，减少发力时的力量损耗。因此，前辈又这样说站桩："动中之静，谓之真静"（郭云深前辈），"寂然不动，感而遂通"（形意拳站桩拳谚）。

因此，形意拳侧重发力，站桩初期以不动为主，目的是发力时固定两胯、两肩关节，关闭滑轮，以求力量更充分地过渡到对手身上。

然而形意拳也需要化力，太极拳也同样需要发力。因此，练形意拳到了后期，往往站桩就求松求活，用柔练辗转身体的方式，打开滑轮，学习太极拳的柔化以方便化解力量；太极拳为了发力更整也需要站桩，以求固定关节形成结构，更高效率地传导力量，类似形意拳，二者殊途同归。

因此，无论是选择太极拳，还是形意拳、八卦掌作为训练方式，最终都是研究人体关节的打开与锁死，并没有本质上的区别。

我们这里说的关节的打开与锁死，就是拳谱中所说的开合。以现代语言来表述，大家是不是更容易理解了？

按照我们的训练系统，内家拳训练并不分太极拳训练或者形意拳训练，而是分静态训练（站桩）与动态训练（行拳）。静态训练求合，也就是以关节的锁死拧转为主；动态训练求开，也就是以关节的松活为主。

两者相辅相成才能不断地提高练习者的功夫水平，一味地进行静态训练（站桩），或者只进行动态训练（行拳），都不利于功夫的进步。

很多练形意拳的朋友特别重视站桩，坚信入门先站三年桩，一辈子只站桩，忽略了拳法训练的重要性。

不要迷信站桩，原因如下：

（1）站桩研究的是在静止状态下，构建人体的支撑力、掤劲，以形成更好的结构；

（2）静止状态下产生的稳定结构，在移动时很容易被轻松地破坏掉，站桩时候整，动起来就散了。

武术是门对抗的学问。

因此，只站桩是不够的，需要配合拳法才能在运动中依然保持结构，维持整劲。

所以，无论是太极拳还是形意拳，正规传承中都有静功站桩及动功行拳，二者缺一不可。前辈说，练拳是动静结合。哪怕是非常强调站桩的大成拳都有动功训练。连大成拳创始人王芗斋先生都认为动功训练很重要，我们就更不要有"只站桩就能出功夫"的想法了，这都是前辈们摒弃了的练武路线。

只练拳不站桩行不行？我也经常听到这种问题，个人以为也许能出功夫，但是出不了大功夫。

以上这两种方式，都是基本功训练，不是套路练习。练功是把着一两个动作深入练习，达到出功夫的效果，获得控制别人重心的能力。具备了这种能力之后再进行套路训练，套路才会有灵魂。

上来直接练习套路，忽略基本功训练，表演得再好看，也出不了内家拳的功夫。

二、松肩活胯与圆柱体

"一羽不能加，蝇虫不能落"，

用简单的圆柱体原理就可以解释。

如果你明白了原理、按照正确方法训练，

你也做得到"一羽不能加，蝇虫不能落"。

现代人创造了一个概念叫"开肩开胯"，指的是锻炼腿部和肩部的柔韧性，例如横叉、竖叉，我们要明白的是，它不同于古代的松肩活胯。前文说过，人体有 4 个大的空隙，松肩活胯是指让我们把肩胯的空隙打开，以便躯干这个圆柱体能够转动起来。

内家拳松肩活胯是为了在对手用力破坏我们重心的时候，即我们在受力的情况下，腰胯依然能够转动开，从而化解对手的力量，维持自身重心的稳定。

7 年前我曾经拍过一个视频，让一个学生从背后推我，这个时候我没法儿用手截住对方的力量，只能通过腰胯的转动去化解，这是个典型的活胯的示范。大家可以扫右边的二维码观看这个视频。

活胯示范

虽然学生水平不高，但从背后推我，他的力量怎么着都比我的大，这也反证了前文所说的，浑圆桩平行站立，能扛得住对手前后方向的力量，才算支撑八面；不依靠手臂，纯靠腰胯的圆活，也可以化解掉对手的力量。从力学上验证了，古代人所谓的"立如平准"是可以做到的。只是我能力有限，只能跟水平比我低的学员做个实验，对于水平跟我差不多或者比我高的人，便不敢如此托大。

很多朋友在不受力的情况下，感觉腰胯松活，一受力就僵硬难以变化，这就不是真正的松活了。真正的松肩活胯一定是在受力的情况下，依然能够通过肩胯运动化解对方的来力。

这一点与前文所解释的立身中正一样，自己空练的时候立身中正没用，在受力后依然能够维持自身稳定，才叫立身中正。哪怕形体上出现了前俯或后仰，只要能克制住对手的力量，维持住自身重心稳定，也叫立身中正。孙禄堂先生说"三体式极俯极仰之姿势，不离单重之重心"，说明形意拳中有俯仰，它们都是在达到立身中正这个目的的过程中出现的身法变化。八卦掌所谓"正身正，抽身正，斜身正"，说得也是这个道理。

现代人为何不出功夫了？因为身体直挺挺的，没有身法的变化了，把拳练成了"僵尸拳"。因此，松肩活胯的这个"松"不是大家空练套路的时候，肩胯关节的灵活性，而是在对抗受力的情况下，身体不仅能克制对手的力量，维持重心稳定，同时还能化解对手的力量。只有自身能够紧张，才能抗住对手推来的力量；肩胯放松，才能转动化解对手的力量。松紧结合才是真，一味地放松并不能做到这一点。

形意拳前辈薛颠先生拳照（图 13）中的圆柱体身形表现得非常明显。薛颠先生连接两肩、两胯的躯干部分可以看作一个圆柱体，这个圆柱体可以在两肩、两胯的 4 个缝隙中左右转动。躯干能转动才能更灵活地化解对手的力量。

从正面看，躯干是一个圆柱体，换个角度，从上往下看，它是一个以两肩胯连线的长度为直径、以百会穴为圆心的圆形。

当对手的直向力量施加到躯干这个圆柱体的时候，躯干很容易通过左右转动把对手的力量引向身体两侧（图 14）。这是我让人从背后施力，我一样能站稳的理论凭借。

大家可以自行搜索太极拳传人陈发科、洪均生等前辈的拳照，你会发现他们的身躯，无论是练拳过程中还是静止状态，圆柱体的身形都非常明显。

很多人现在很喜欢练习空发力，默认对手会一动不动，等着我们发力。而事实上，在对抗的过程中，搭上手后对手会尽可

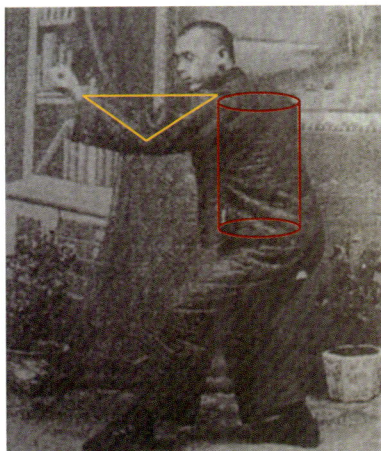

图 13

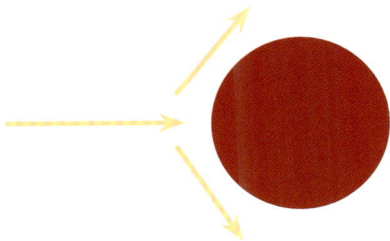

图 14

能地破坏我们的重心。如果自己不会化解力量，站不稳，就没法儿发力。而且就算是你搭手发力，所发之力也很容易被对手在左右或者上下方向，用仅仅两根手指的力量改变方向。发力这个事情很复杂，大家发的力大部分都是错的，具体原因我们后面再讲。大家可以试验一下，在你发力的过程中，让同伴用两根手指将你发力的手往两侧引，看看你发的这个力是否会被改变方向。图15演示的就是错误的发力。

图 15

不具备化力的基础就整天研究发力，就跟没有存款却整天想着怎么花钱一样可笑。

很多人在练拳过程中一直站得很稳，将空练时重心稳定作为自己功力好的体现，从来不研究假如重心不稳定了，应该怎么应对。于是在推手实战时，遇到自己重心不稳定的情况就不会处理。

这是典型的练用不一。真正对抗时，对手一定会想办法控制你的重心，在占上风之前，你99%的时间都处于不稳定状态。如何从不稳定状态快速恢复重心稳定，才是练套路、练功法时需要花最多的时间去解决的问题。

因此，套路的练习过程中，要多让自己处于不稳定状态，或者假想对手从你最不稳定的方向进攻，思考你应该怎么变化身法去应对才能出功夫、才能符合拳理。如同我站好浑圆桩后让对手从背后推我、从正前方推我来解决自己最不稳定的角度一样。

很多人对立身中正有误解，站桩、练拳怎么稳定怎么来，也因此，他们练站桩最爱问的问题是：我站桩时重心应该放在哪里？脚后跟还是脚全掌？

都不对。重心固定在一个点，那就是在站死桩。对手稍微一碰就能摸到你的重心，稍一用力你就会站立不稳，因为没根。

太极拳老谱怎么讲？裆劲暗换！无论站桩还是练拳，都是微动的过程，重心从左右而言，是在两脚之间流动；从前后而言，是一直在前脚掌到后脚跟之间变化，目的都是不让对手摸到固定的位置。

大家提出的问题体现了大家目前的高度，想要搞清楚重心在哪儿的朋友，大部分都没有理解什么是内家拳的松沉圆活。立如平准、活似车轮明显讲的是腰胯像车轮一样灵活，能像陀螺一样转动，从而化解外力，维持重心的稳定。

陀螺是典型的不稳定中的稳定。这才是真正的练功心法，那些玄的、虚的东西没什么用。

如何做到活似车轮？这就要用到我们这章讲的圆柱体理论了。

为何我们在练太极拳套路的时候，大部分时间是双脚站着不动，身体左右转动？目的就是模拟受力后重心不稳定的情况下，通过躯干圆柱体左右旋转，把对手的力量化向两侧，培养处理重心不稳定的能力。在我们的实用形意拳教学体系中，以定步的钻拳训练这种能力。在太极拳教学体系中，老前辈以定步活肩胯训练这种能力。

大家是不是通常站桩之后直接进行动步的练习，缺少了两脚不动，身体左右拧转，练习躯干圆柱体转动的这个过程？

我的学员也经常问我：为何你不让我们练动步，而让我们花大量的时间练习定步？

要建立圆柱体结构就是原因！朝着正确的方向努力才能达到目标。上来就直接练动步，身体永远形不成圆柱体结构。空练的时候自己感觉松沉圆活，但一受力就站不稳。

然而这只是初级概念。

圆柱体有一个先天的劣势——纵切面太大。如果对手用双手推我们的身体，圆柱体纵切面很容易承受对手的劲力，导致我们站立不稳。

因此，在训练初期先要练出来圆柱体结构，然后再深入练习。

三、中轴线的概念

中轴线是容易受威胁的，
如果你只保护从鼻尖到肚脐这一条线，
那么圆柱体侧面其他角度都将是薄弱的，
如果搭手，你肯定站不稳。
太极拳的"引进落空"，
形意拳的"守中用中"都与此有关。

中轴线是我们在练拳过程中经常提到的概念，但大部分人对它存在错误的理解，认为它就是从鼻尖到肚脐这条线，实际上它是躯干这个"圆柱体"的中心线。

诚然，人体的重要器官都经过这条中轴线，但是如果我们以圆柱体理论来看的话，如图 16，假如我们圆柱体的中心线（即人体中轴线）是黄色直线，来自外界的力为红色箭头，则从任何角度而来的指向圆柱体中心线的力量都会让圆柱体不稳。

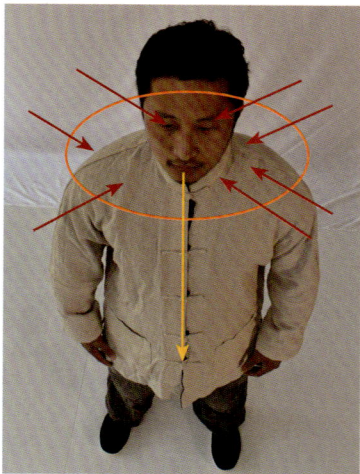

因为就圆柱体来说，从俯视角度，有 360 个方向能够指向圆柱体中心线，威胁圆柱体的重心。这还只是考虑二维俯视的效果，如果考虑到三维空间，则会有更多的角度可以威胁圆柱体重心。

因此，内家拳的守中用中，并不是守住鼻尖到肚脐这条中线。推手的时候，哪怕我们用笨力气硬顶，对手都很难通过向我们鼻尖方向发力而威胁我们的重心，因为正常人都会拨开对手的手臂。而如果对手越过我们的手臂，从其他角度向我们的圆柱体中心线

图 16

发力，却很少有人感知得到。

如图 17，当对手的力量指向我们圆柱体的中心线时，如果我们没有转动圆柱体的基本功，对手继续施加方量，就会让我们站立不稳。

大家可以用圆柱体的水杯做实验，用手指从各个方向轻轻推它，模仿躯干圆柱体受力后的不稳定状态，只要来力指向中心线，水杯很容易就会倒。

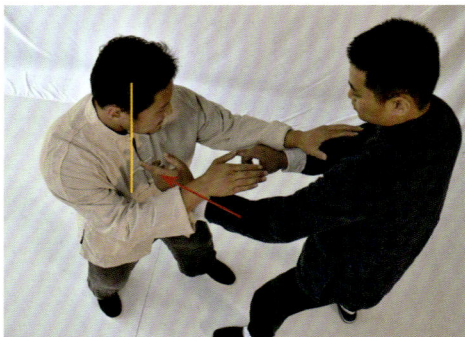

图 17

如何具备中轴线这个意识呢？

首先通过正确的定步基本功，如我们教学体系中的钻拳、活肩胛，做到中轴线固定不动，然后转动身体，从意识上修行转动中轴线化解力量的能力。

如果没有中轴线意识，上来就进行动步的训练，便掌握不住这个本领，更不会意识到这个东西的存在。

而如果省略了定步这个过程，就相当于一年级的学生，跳过了二年级直接学习三年级的课程，能学习好才怪了。

一旦对手向我们的中轴线发力，我们的躯干圆柱体立刻旋转变化，把对手的力量引向外侧。如此一来，对手不仅威胁不到我们，而且中门大开，我们迈步上前就可以把他撞击出去（图 18）。这种通过自身旋转把对手力量引

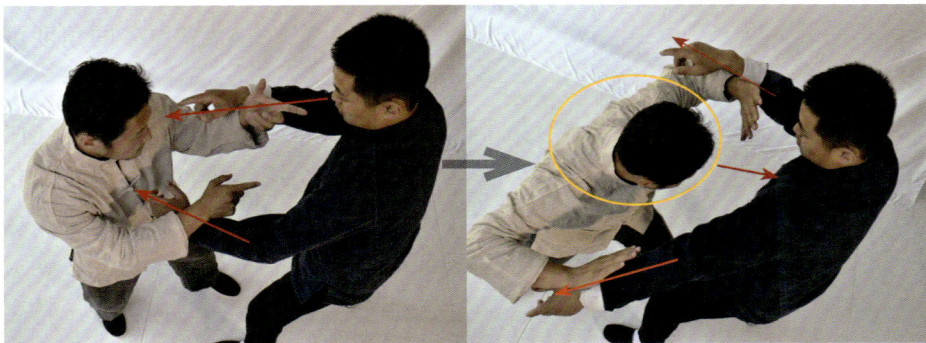

图 18

偏，进而撞击对手的方法，就是太极拳中所谓的"引进落空"、形意拳中所谓的"守中用中"。

这个"中"，就是中轴线。

汉字"中"的字形，非常明显地说明了"中"的意义。一个方框，中间一条线。尚云祥一脉的传人徐浩峰先生在其著作中说，找"中"叫从头做人。在找这个"中"的过程中，大部分人的中轴线不会动，一动中轴线就歪斜，姿势很容易变形。

聊到这里，很多朋友会反驳：我平时注意腰胯的旋转了，但是一样做不到你所说的中轴线稳定，一搭手就被动。

相信我，这只是你以为你的腰胯旋转了。旋转的法度不对，一样守不住自己的中轴线。

在练习过程中，假如你有以下两种情况，就很难守住自己的中轴线。

1. 转腰角度太小

大部分人以为的转腰，是肩的运动大于胯的转动，如图 19。虽然你感觉自己转腰了，但实际上肩膀转动的角度大于胯动的角度，腰转动的角度并不大。长期这样练习就会养成上快下慢、上重下轻的习惯，劲永远沉不到脚底，一辈子没根，不能受力。

图 19

2. 转腰角度过大

转腰角度过大，容易丢劲。对手给我们的力并不是一成不变的，如果我们转腰角度过大，会在其他角度产生漏洞，容易被对手抓住。

大部分人转腰了却依然解不开对手的劲力，一般都是这两种原因。很多朋友可能发现不了这个问题。

我们可以用一个简单的方式，跟小伙伴配合操作以理解这个原理。

我们先以形意拳为例。你正常练习劈拳或者其他五行拳的套路，让小伙伴一个手掌顶住你的中轴线，不要离开你的身体且持续用力。当你按照平时练习五行拳的动作行拳时，你会发现，只要你一运动，小伙伴一个手掌的力量就很容易让你站立不稳，导致后续的动作根本无法进行。如图 20。

图20

　　近代的形意拳练习者陷入了一个非常尴尬的境地，口口声声说形意拳实战效果好，然而一实战就不行，这是因为很多人按照外家拳的练法，推胳膊震脚地练习梢节，没有练身法的折叠往复，所以根节一受力就站立不稳。

　　虽说形意拳功夫提高得快，但是大家这样练习，出功夫还没有太极拳快。哪怕部分太极拳练习者练得不太得法，上身转动快于下身，但至少人家转动了，腰部得到了训练。而大部分这样练习形意拳的人，腰胯转动得很少，练不出发力。

　　其实震脚、推手是最基础的练法，震脚有利于我们感受体重在两脚之间的变化。震脚的过程实际就是体重速坠的过程，通过蹬地、转腰、顺肩，把体重的力量输送到前方。

　　注意我用的词是"顺肩"，而不是推手。震脚的时候体重的力量是自上而下的，顺肩能够让力量流通到手，而推手是梢节用力，只会使力量停顿，让体重的力量消耗在肩膀上。

　　经常震脚发力，就相当于一直上一年级。不震脚依然能够发力，才相当于上了二年级，水平得到了提高。

这个实验带给大家的启示是，检验有没有功夫其实不需要搭手。当小伙伴摁住我们的中轴线，稍微施加一点没有变化的力量，都会让我们站立不稳时，有没有功夫就一目了然了。

形意拳、八卦掌都是好拳，然而其技术的丢失，远远多于太极拳。很多朋友可能心里不太服气，那我们就来做第 2 个实验：身体打拳检测法。

两手抱在胸前，固定不动，尝试用腰胯的旋转练习五行拳或者太极拳套路。通常人们都是腰胯转动得少，手臂运动得多，抱住手臂的情况下，很容易就会发现自己腰胯转动角度很小，几乎不会练了。

手臂不动时就不会练拳的状态很危险。

小幅度的转腰别说发力了，就连别人给的阻力都克服不了。离开了手臂的运动，大家才能发现自己腰胯劲力到底是否薄弱。

大部分人平时的训练只练了手臂的爆发，归根结底练的还是局部力，这种腰胯很少参与动作的训练方式，是打不出内家拳所要求的整劲的。

内家拳都讲松腰活胯，如果抱住了胳膊腰胯就不会动，或者腰胯转动幅度很小，还怎么说是松腰活胯呢？特别是形意拳，它本身没有多少招数，是一个重视腰胯运动的拳种，因为忽略了松腰活胯，现在硬生生被错误理解、错误传授成了震脚推胳膊的手臂拳。

如何改过来？也很简单，就是按照正确的方式站桩、练拳，不要上来就练动步的五行拳，而要先把定步的五行拳练好。动步非常高深，有其独特的作用，并不是大家以为的只是一个套路。

所以古传的形意拳，在站桩之后接的是定式五行拳的练习，目的是帮助大家养成躯干圆柱体转动的习惯，养成习惯后再开步。现代人练拳时完全打散了训练顺序，不会走就想跑，真的是太急了，这也导致越努力基础越差，越难出功夫。而且最大的问题是，大家意识不到这是一个错误的训练流程，如果不改变这个观念，形意拳只会越来越没落。

然后咱们说太极拳，很多练习太极拳的朋友也存在这个问题。像前面一样，你按照日常练功套路行拳，让小伙伴用手掌顶着你的中轴线持续用力，你会发现你压根儿站都站不稳，更别谈继续练习了。大部分现代人练太极拳，都是在练胳膊腿，躯干根节受力时根本无法应对。

导致这个问题的主要原因是，练拳的时候步子太大，导致腰胯转不动。

我们可以做一个实验。两脚开立，与肩同宽，转动腰胯，会发现腰胯转动角度是 30°~45°（图 21），柔韧性好的朋友可以转到 60°。然而我们放大步伐，以大家常见的大步子站姿转动腰胯，会发现腰胯转动角度明显变小，可能只有 15° 左右（图 22）。如果继续放大步伐，以接近劈叉的站姿转动腰部，会发现我们的腰胯连 5° 都转不了。

图 21

图 22

由此看来，很多朋友初练太极拳的时候就追求低架子练功是不对的。陈鑫在《陈鑫陈氏太极拳图说》中写过："裆不圆，就是三尺步子，裆依然不圆。"那个时候老前辈就说了，裆圆胯活，跟步子大小没有关系。

什么是真正的活胯？如活胯示范视频，我被人从背后推，无法借助手臂的力量，只能通过腰胯的转动化解开对手的力量，这种纯依靠腰胯转动化解力量的运动方式，才能被称作活胯。

因此，无论步子大还是小，以胯能够灵活转动为目的，能用胯化解对手的力量才是正确的活胯。

初学者应小步子练功，以方便胯灵活转动，在这个前提下，逐渐放大步伐。如果步伐放大后感到胯又难以转动了，仍应继续按现有步伐大小练功，等到腰胯适应这个步伐，变得灵活后，再进一步放大步伐。如此这般，最终达到内家拳老前辈们贴着地皮练拳依然腰胯灵活的水平，到那时，功夫就出来了。

刚开始练功就采取大步伐，选择难度最大的练功方法，等同于自废腰胯。如同力量训练过程中，没有基础的人一上来就以自己体重 1.5 倍的重量做卧推，只会受伤，永远不可能获得提高。

还有我们前文所讲的上重下轻的问题。步子大了，腰胯转不动，很容易就会用肩膀等上身的转动动作代替腰胯转动，完成套路动作，导致肩膀转动角度大于腰胯的转动角度。

肩膀快而两胯慢，久而久之就会形成上重下轻的问题。一运动就上面先动，下面不变化，也就做不到上轻下重、气沉丹田。

例如，让人从背后推我的时候，我上身放松感受对方劲力，通过下身的变化化解对方的力量，这叫作上轻下重。这种上轻下重不是自己的感觉，而是现实，是在受力情况下依然可以灵活地变化重心。

内家拳的练习者太喜欢找感觉。如果自己的感觉准确的话，我们是不是都不需要老师，自己就能进步了？明显不是！很多感觉都是错觉，因为大部分人练习的动作基础都不对，训练流程也不对。在错误动作的前提下获得的感觉，当然是错觉，除了误导我们，让我们产生虚无的舒适感，对于提高功夫、提高身体素质，没有任何帮助。

由于步伐太大，腰胯难以运动，而用上肢转动的练功方法，叫作横气填胸。上半身重心都集中在胸腔，无法从腰胯过渡、下沉，离内家拳的要求越来越远。

练习太极拳时步伐过大还会导致膝盖疼痛。在膝盖周围的肌肉、韧带还没有得到应有的锻炼之前，盲目地加大步伐，相当于给膝盖施加了超出其肌肉、韧带组织承受能力的力量，不仅起不到循序渐进的健身作用，反而会造成运动伤害。

老前辈通过几十年的努力，才练出胯开三尺的功夫。我们乍一练拳就用大步伐这种方式，就好比不会走路就开始跑步，很容易摔得鼻青脸肿。

如何改正这个毛病？也很简单，那就是通过正确的训练流程进行练习。

大家千万不要把这句话当成空话，作为老师，站在教学的角度上，我们要强调：

（1）方向正确永远是最重要的事情！

（2）训练流程是第二重要的事情，一定不要把五年级的东西放在一年级学习。

站在学员的角度上，大家想进步的话，要做到以下两点。

（1）意识到不足是最重要的事情，要有空杯心态，经常自我反思、自我拷问，而不是沉溺于自我的满足中。孔夫子说"吾日三省吾身"，大家也要多反思。

（2）要善于思考。能不能听得进去不同意见、有没有能力推翻自己之前的认知，这其中有大智慧、大勇气。练武术成才的过程就是不断地发现自己的不足，将自己的认知推翻重建的过程！

抛弃之前的自我满足感很难，但放下包袱才能进步。武术本来就是少数人能获得成功的东西，有很强大的心理素质、清晰的自我判断才能进步。

基本功练对了，再修炼套路才会有灵魂。如果基本功都练不对就去练习套路，无异于异想天开。

并且，不要随便相信别人的话，特别是少跟与自己水平差不多的人讨论。

你自己或者与你水平差不多的人，很难发现你的问题。你要是能发现自己的问题，功夫早就提高了。比你功夫高几个等级的人，才能看出你现阶段的问题。

因此，形意拳巨擘尚云祥先生，人在家中坐，客从八方来。很多人见他不是为了比武，就是求一句话，因为这一句话能帮他们迅速认清自己的处境，找出解决问题的办法。

四、用受力检验腰胯功夫

内家拳，
受力是检验功夫的唯一标准。
所有自我的感觉，对于功夫没有任何帮助，
受力以后的感觉才是真的。

　　根据前文的实验，我们的功夫是李逵还是李鬼，只有在受力的情况下才能检验出来。很多人会说，我就是练练拳健身，不奢求练出功夫来。练不对动作，只活动四肢，从内家拳的角度来看，是达不到健身效果的。您去选择其他健身方式，或者外家拳，可能都比错误地练习内家拳健身效果强。练内家拳的逻辑体系是极其精密的，一步错步步错。

　　目前武林中存在一个很尴尬的情况，那就是其他流派太极拳的训练效果可能优于原始的陈式太极拳。例如杨式太极拳的揽雀尾，掤捋挤按动作相对简单，手臂的缠绕相对较少，练习者能花更多精力关注腰胯的转动。反而是最原始的陈式太极拳，由于要点比较多，技术精细，虽然威力大，但初学者不容易按照这些要点训练，不太容易出功夫。

　　这并不是我在批评某个拳种，这些拳我都练过，我自己也是从什么功夫都没有，一步步摸索过来的。市面上流行的一些拳法确实各有各的问题。当然，纯正的门内各种太极拳、形意拳不在此列。我们一定要对真传抱有敬畏之心，那都是千百年来前辈们细心总结的技法，非常重要。

　　比如"受力"的检验过程，体现了太极拳中的"立如平准，活似车轮"，指的是别人给我们施加力量的时候，我们可以像陀螺一样化解对方的力量。

　　在本章第二节"松肩活胯与圆柱体"中，我们厘清了现代人造作的"开肩开胯"概念并非古人讲的"活肩活胯"，在这里，我们用受力检验法可以明显发现，"开肩开胯"这个概念，让我们远离了对功夫的真正理解，忽略了对抗中受力后肩胯的变化，追求的方向偏离了内家拳的方向。

　　其中的一些练功法，我们从几何原理上分析，很容易就能发现其中的逻辑漏洞。而且，这些练功法在遇到敌人的力量之后并没有特别大的作用，达不到练功夫的效果。

　　例如"开肩"，是用甩胳膊的方式做圆周运动（图23）。这个动作的确可以让肩关节灵活程度提高，对健康有一定好处。但这样的"开肩"，是以肩膀为圆心、手臂为半径的圆周运动。

图23

这种圆周运动的最大问题是，一旦遇到对手的阻隔，运动就会停止（如图 24 所示，圆周运动，遇到障碍就会卡住），只能换下一个动作继续打击。也就是说，这个动作遇到阻力就无用了。

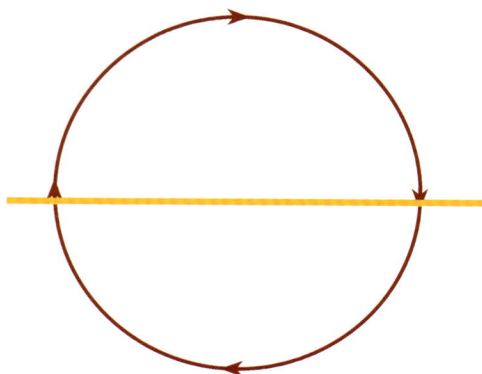

图 24

遇到阻力动作就结束，不能克服对手给的阻力，只能换下一个动作，这不是受力后仍有对抗能力的"活肩"（图 25）。

图 25

举一个极端的例子。我多年前拍过一个视频，视频里，我站在一个半圆形的波速球上与对手进行对抗，为了保持平衡，我的胯、腿不敢做太多的动作，因为腿一旦乱动，我立刻就站不稳了，所以我只能依靠肩膀的松活化解对手力量，同时破坏其重心。

当然，在这个视频中，对手水平不如我，并且只能通过手臂的接触影响我的重心，倘若对手整个人直接扑上来，我肯定站立不稳。然而，即使对方的力量很小，这个过程中我也不能有一点点的顶力，因为哪怕只有一点点的顶力，都会让波速球上本身就不稳定的我站立不稳，从上面摔下来。这种极端的示范，表现的是活肩的作用。

这是一个比较典型的活肩的示范。活肩并不是让我们的关节变得多么灵活，真正的活肩指的是我们在承受对方力量的时候，通过四肢支撑对方力量，通过躯干圆柱体转动化解对方力量。在这种状态下，肩胯的空隙是活的，而不是一受力就僵死。

最好的活肩活胯方法绝对不是现代人编的这些方法，而是按照各种拳法的步骤按部就班地学习，例如站桩、行拳。古人用心摸索创编很多方法，用了很多年时间，才形成的形意拳、太极拳、八卦掌的训练方式，我们不能轻易地抛弃。现代人老觉得自己发明的功法比前辈的好，但是当我们讲清楚其中的逻辑，大家会发现大部分现代人发明的功法都是错的。

一个完整的理论体系，不仅仅要具备可操作性，同时也要逻辑严谨，能够证伪，能够指明如果不按照这个理论体系训练会导致什么样的结果。我们目前为大家分享的内容，都遵从这个逻辑。

功夫本身是反先天的东西，自己练得越别扭，反而越可能正确。如形意拳的站桩，号称"站别扭"。李存义先生曾经这样说站桩：一日不顺，次日再站；一月不顺，次月再站；一年不顺，下年再站。

为啥会感觉到不顺？

从应用的角度来说，与对手推手较技，对手一定会想尽办法让你难受。因此，我们练功的目的就是模拟难受的状态，让自己习惯这种状态。因此，站桩不顺、难受才是对的。李存义先生非常肯定这种不顺，肯定了在这种不顺的感觉的前提下下功夫的行为，并且告诫练习者，要通过 1 个月甚至 1 年的时间把它练顺。

　　现代人所理解的"开胯"功法，是简单地左右抖抖胯，试图让胯的运动范围更大些。虽然用这种抖胯的方式去发力确实比以前纯胳膊运动所发的力要大一点，但是它与内家拳的"活胯"不是一个概念。

　　很多朋友在抖胯发力的时候，身体右转、胯右转，同时膝盖也右转（图26），这就相当于胯的角度没有变化。什么才是活胯？大腿骨固定不动，盆骨左右旋转，哪怕这个旋转角度很小，就1°，也是真正的活胯。但是大家现在练的动作是什么？

　　以杨式太极拳的揽雀尾为例，在我们身体左转的时候，胯左转、膝盖也左转，这就相当于盆骨跟着大腿骨一起左转，胯的活动角度就很小。而如果膝盖不动，大家再试试向左转胯，会不会感觉到很困难？但这种转胯才是真正的活胯。

图26

　　抖胯发力，胯动时膝盖也动，胯的转动角度就很小，最多15°，达不到活胯的目的。活胯至少要在膝盖不动的前提下，胯能转45°~60°，这时候转腰发力，力量比抖胯要大得多。

　　很多前辈都形容练太极拳时胯是万向轮，可以在受力时，通过左右、上下、前后的变化去化解对手的力量。就如我让对手从背后推我的视频所示，没有长期胯部大幅度转动的训练，怎么可能出来这种效果？

　　但仅仅转动到位是不够的，武术中还有很多拗步的功法，如形意拳的龙形、八卦掌的转掌，让大家拧转到一个非常别扭的角度，以继续加大腰胯的旋转角度。但是现代人练功，胯部转动的角度连45°都到不了。大家可以按照我说的方法，抱住两臂用腰胯打拳，试一试自己胯部到底能转动多少度。

　　过去武林中所谓的抖弹发力，并不是大家以为的胯快速抖动转5°~15°，而是指我们的胯能够转动45°~60°，遇到敌人的阻力后，在对方的阻力下，被动地把原本能转动45°~60°的角度压缩到了5°~15°。

从外形上看，好像是我们抖了一下对手就被击飞了。其实位移的幅度还是很大的，只有这样的抖弹力才是有用的。

"大道甚夷而民好径""道不远人，人自远道"，古人诚不欺我。老前辈们留下了很好的练功方法，但现代人总是想走捷径，结果走了不正确的道路。

最可怕的还不是错误的训练方法，而是现代人已经没有了对内家拳基础理论的学习，压根儿不会去怀疑自己的练功方法是不是方向错了，白白耽误大好时光。

《逝去的武林》这本书特别好，能够反映我们尚云祥一脉的练功故事。书里面说了很多经典的内家拳理论，但是很多朋友都没有理解它。书中说形意拳不能只用拳头打拳，而要把躯干、脚都得用上，实际就是让大家放弃梢节的运动，加大腰胯转动。让发力脱离双手，才是真正的出功夫。因此尚云祥说，功夫上了后背，才是真正的出功夫了。

古传的三大内家拳的训练方式都得到了验证。三大内家拳涌现出了很多人才，可以佐证其功法的正确性。

在我们学习任何功法前，都需要注意老师的教学思维，判断一下教这个方法的老师是不是通过教你的这种方法练出功夫的。

我在很多场合都很明确地表示，我是在懂了内家拳的几何原理后出的功夫。当然，很多老师辛勤地教过我，但是在我遇到那个契机之前，功夫进展很慢。没有那个契机，我就达不到现在对拳的理解程度。

我所教的体系是我亲自试验过的，并且练出了功夫，也教出来了一些朋友。如果教你某种功法的老师，他自己的功夫是通过一点一点传统拳法的基本功、套路练习出来的，但是到了教授学员的时候，采取的是自己发现的新方法，那你就要三思了。

五、人体中的点

王芗斋前辈说：周身无点不弹簧。点的概念能帮我们更好地理解拳法。

图27

人身体上每个参与练拳的部位，都可以视为一个点，例如手腕、手、肩膀、丹田、胯、膝盖、脚腕。如图27杨澄甫前辈的拳照中圈出的位置。

如果再细化到手指，我们的手指前段、中间关节、根节关节，都可以视为一个个点。这些点动态地串联起来，构成人体的拳法运动，每个点都要像弹簧一样具备掤劲。

为何内家拳都要手臂弯曲，而不是伸直？因为只有弯曲才能形成结构，才能形成掤劲。

现代练武的朋友大部分都只练梢节，他们会问这样的问题：

推手的时候，感觉自己老是丢劲，我的手臂怎么做才能粘住对方？

形意拳三体式手指是不是应该顶劲？应该伸直还是弯曲？

这些朋友的问题无一不是针对梢节。人的身体上有很多点，如果你只是针对手腕、手肘这些点去研究，相当于捡了芝麻丢了西瓜。膀、胯、胸、腰这些更重要的点，更值得我们关注。

由此延伸，我们需要了解一个概念，练拳练拳，练的只是拳吗？

为何内家拳手臂普遍弯曲，反而力大？这里我们通过点的概念引申探讨三角形的概念。

以手臂举例，手臂中手腕、手肘、肩膀三个点形成了一个三角形。

大家平时练拳只注意自己手腕梢节，很少注意到手腕、手肘、肩膀其实

是一个整体。只有三个点维持了
三角形（图 28），特别是注意肘、
肩膀这两个点稳固，才能完成三
角形中三个点的结构搭建，做到
掤劲不丢。

虽然几何构造上的原理是这
样，但实际的操作过程很复杂。
因此，古人通过创造一种静态训
练的方式——站桩，培养搭建这
种结构的能力。

图 28

这也是我们说不站桩可能会
出功夫，但是出不来大功夫的原因。这种每个点与其本身能朝不同方向运动，
然后相邻两点成线、三点成三角的节节贯穿地完成结构塑造的功夫，除了站
桩，很难想象通过其他的方式也能做到。

然而这不过是手臂上的点，身体其他点的重要性，远远大于手臂上的点。

尚云祥先生说过，身体要如同蟒蛇一样。太极拳讲周身缠丝，形意拳讲
拧裹钻翻，八卦掌讲拧拎如掏绳。身体的每一个点，都要能够螺旋运动合成
一个整体。练功只练手臂，腰胯没有达到一定的转动幅度，很难说是练对了。

很多人会觉得自己的身体参与练功了，但这可能并不是正确的参与。《太
极拳论》说："主宰于腰，行于四肢，达于手指。"正确的运动方式是以腰为
动力源泉，腰先运动，带动其他点运动。

练功方式正确时，身体各部位应该如同精密的机械一样，环环相扣、环
环咬合。大家可以想象身体是由很多个咬合的齿轮构成的，腰部的齿轮转动，
传导力量到四肢。四肢是被动地运动，腰不动，四肢都不能运动。

按照这个思维，大家反思一下自己的练功过程，是不是腰不动但手臂的
各个点都在运动？是不是手臂每个点的运动都快于腰的运动？如果是，就代
表着大家的四肢跟腰胯没关系。不符合拳谱的要求，自然练不出来功夫。

因此，我们练的不是拳，而是整个身体。以形意拳为例，劈拳可以用手，
那用肩膀能练吗？用肘能练吗？膝盖有没有劈人的劲？胯有没有劈砸的劲？

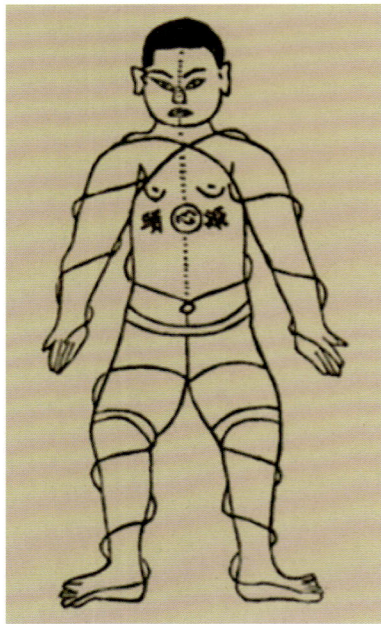

图29

以太极拳为例，缠丝只是手吗？如果膀胯没有缠丝，大臂、小臂、大腿、小腿没有缠丝，能练出身法吗？

《陈鑫陈氏太极拳图说》一书中，专门用图示说明了缠丝劲必须从脚到腰到手（图29）。如果我们只是练习手部的缠丝，肯定不符合古代拳法的要求。

山东有个特别好的拳法，叫武松脱铐拳。据传起源于武松，武松被铐住后，双拳难以利用，只能用身体的其他部位如膀、胯、肘、背等克敌制胜，该拳之身法可谓典范。如果只练了胳膊，没有练其他部位，遇到武松的这种情况可能就无法应对了。

在内家拳中，肩胯可以跟手一样听劲、化劲、截劲。我们不停地强调要练腰，也就是练身体的根节。不活开肩胯怎么打套路都是无用的，身法的重要性远远大于手法的重要性。

这就跟上了五年级，很轻松地就可以解决一年级的问题一样。身体参与到练功里来，只要身体能够化解对手的力量，手就能够很轻松地化解对手的力量。所以洪均生先生曾经这样说："腰胯是大人，手是小孩儿，要大人牵着小孩儿走。"练拳若练不到身法，功夫的进步就会很缓慢。

很多优秀的拳法现在也陷入了只动胳膊的境地，例如通背拳。很多人练习通背拳，喜欢以肩膀为半径做圆周运动，以手臂击打力度作为功力大小的衡量标准。

通背通背，顾名思义，发力要从背上起。通背拳练的是通过手臂抡圆，逐渐变成身体画圆。让背、脊柱画圆，产生立圆的力量，取代手臂的抡劈。因此，随着功夫的进步，手臂动作越来越小，身法动作越来越大，最终成了练习根节的内家拳。

这样一来，手臂只负责接触对手，身体的圆形才是克服阻力、开手继续向前击打的核心。当然，为了表演效果，肯定是抡圆了拍打好看。但是若有人抵挡我们进攻，手臂的圆形遇到阻力就没用了。而如果我们劈打的同时含胸折背，身体形成一个圆形，手臂也形成一个圆形，两个圆形滚动前进，对方的阻力就很容易被克服。对方格挡也没用，依然会被打开防御间架（图 30，脊柱纵圆，手臂同时纵圆，才能将对手的阻力克服），这是正确的通背拳的练法、打法。

大家不要小看这个图形，王芗斋先生的持环得中，形意拳中的拧裹钻翻，太极拳中的螺旋缠丝都在其中。但是图 30 只是一个理想状态，人体无法做到两个整体圆形。如果我们再深挖一下其中的真谛，只取人的身体能做到的一部分，就会形成阴阳鱼中的那条 S 形的线。

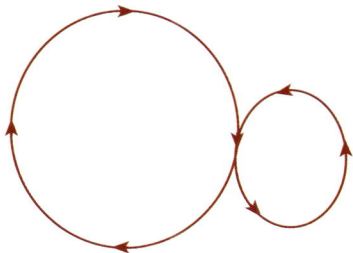

图 30

形意拳巨擘尚云祥先生曾经是李莲英的保镖。慈禧太后引进火车的时候，他在旁边看到后惊讶地说：这个东西这么像形意拳呢？这一句话就道明了内家拳的真谛。无论太极拳、形意拳，还是八卦掌，都是内部身体圆形与外部手臂圆形的合作，如同火车的车轮。如图 31。

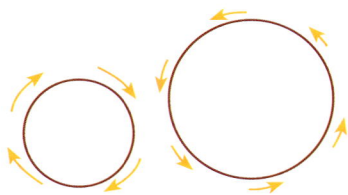

图 31

如果只是抡圆了胳膊去打对方，相当于只有手臂的一个圆形，缺乏脊背的圆形。我们可以看看早期的武术家，例如山东烟台的李国澄先生，他的通背拳就是通过身法的吞吐带动手臂快速击打，非常有味道，大家可以自行搜索其视频研究。

我曾经练习过沙国政一派的形意拳、通背拳，也传承了耿诚信、尚云祥一派的形意拳，尚云祥先生跟"臂圣"张策是把兄弟。通背拳的功夫很好，有助于我们理解形意拳。

六、点的同向运动与反向运动

什么是合?

是全身所有的点都向一个方向用力吗?

如果这样认为,那就大错特错了,

对方一拉您就会摔倒。

您有没有考虑过,

合会不会是螺丝与螺母那样的反向运动,

而不是我们以为的同向运动。

借助圆柱体理论,我们弄清楚了转动的问题;借助点与三角形的理论,我们明白了掤劲的问题。内家拳练习的无非是化力与发力。有了点与三角形,掤劲很快就会具备;有了圆柱体构造,在掤住的前提下化解力量的能力也很快就会具备。

接下来我们聊聊发力。很多朋友都以为练拳发力时,手腕、手肘、肩膀这3个点要同向运动才能构成合力,发出最大力量,并美其名曰"节节贯穿",实际上这是不对的。在内家拳中,同向运动无法打出最大的力量,反而容易被敌所乘。

以形意拳的三体式为例,错误的三体式是手腕前伸、手肘前伸、肩膀前伸(图32,错误的三体式只有前后劲,没有左右劲)。当对方推我的时候,我也许能够支撑住对方的力量。但是如果对方用一只手将我的胳膊一拉,这个三体式就散了(图33),我完全应付不了对方拉我的力量。

很多人错误地理解了拳谱,以为拳谱上

图32

要求"手外顶有推山之功"
是指手腕、手肘、肩膀都向
外抻，甚至要抻出手腕、肘、
肩膀的窝，还美其名曰"抻
出三星来"。"抻出三星来"
这个说法是有的，但绝对不
是三节同向向外抻出来的。

　　长期按照这种思维去训
练，手臂上所有的点都是向外
用力的，那么在推手或者散手
练习时，对方轻轻喂我们一个
劲，我们就会立刻向外使劲，

图 33

对方可以利用我们向外用力的下意识的反应，向后拉开我们的防御间架，实施打
击（图 34 对方假意向前问劲，借用我方外顶力量拉开间架，打击我方）。这种行
为在王芗斋先生的理论中叫作"力出尖"，这种练法太容易被人拉开间架了。

图 34

　　真正的三体式要求手外顶的时候，肘下沉横拧，肩膀下沉，这明显是冲
着 3 个方向用力。手外顶是前后方向用力，肘下沉横拧是左右方向用力，肩

膀下沉是上下方向用力。3个不同方向的力形成咬合状态，如同螺丝与螺母拧合一样，形成上肢的稳定状态。

很难想象基础的站桩的用力方向都不对能练出真正的功夫。底层根基是散的，上面建得再好也容易坍塌。例如，按照上述手腕、手肘、肩膀3点向外用力的方法站桩，养成习惯后打劈拳，肯定都是3个点向外推。

我们向前发力，对方抵抗的力肯定也是向前的，这两个劲立刻顶住，搭上手一点儿劲都发不出来，而且反作用力会作用到自己的重心，让自己站立不稳（图35）。练形意拳的朋友们可以思考一下，或者找小伙伴试一下，看你们的练法是不是这样。空练的时候感觉很好，一受力就废，是因为方法不对。

图35

也有很多朋友认为，太极拳的关节抻拔是向外用力。这说法也是错误的。现代人练习太极拳容易犯两个错误：一是太松，松懈，对手一压迫就影响重心；二是太顶，所有用力都向外撑，生怕对手压迫进来。结果就是，对手按照前文所述那样一拉，自己架子就散了。

内家拳都讲究阴阳，手臂上的三个点同向运动，恰恰是没有分开阴阳的。

什么是分阴阳？自然是有向前的就有向后的，有向上的就有向下的，有向左的就有向右的，方向不同才能形成结构的咬合。

形意拳讲劲力周全。以手臂为例，形成结构与掤劲，至少要具备 3 个方向的力量，才是劲力周全：

（1）对方向前后方向推拉我们的胳膊，我们能扛得住，不变形，这是具备了前后方向的力量；

（2）对方横拨我们的胳膊，我们能够扛得住，不轻易变形，这是具备了左右方向的力量；

（3）对方下压、上抬我们的胳膊，我们能扛得住，这是具备了上下方向的力量。

太极拳注重支撑八面。然而很多人练太极拳，单鞭这个动作摆好后，别人在前后方向上用两个手指一钩，架势就散了。左右、上下方向更是如此，用两根手指头轻轻一拨，动作就会变形。大家可以根据本书的原理试一试，检测一下。

我们刻意为之的定式尚且如此，更何况是动态当中呢？是不是更容易一动就散？

这也是内家拳重视站桩的缘故。套路动作是在桩功基础上形成的，如果桩功都不具备六面力，动起来的套路自然是漏洞百出。

为何站桩动辄要求站 40 分钟、1 小时？先整体放松，体会自己身上的每个点，然后寻找其中的反向运动关系，这才是站桩的真解。为何王芗斋晚年自称"矛盾老人"？老先生通过这个称号把内家拳的核心原原本本地告诉我们了。

但大部分人没有那么好的传承，而且练不到那个程度，不懂前辈的用意。就如同我告诉大家这个理论，很多人也不一定相信一样。

人体的力量太大了，如果不通过相反相合，令手臂形成锁死结构，转腰蹬腿的巨大力量会大量地消耗在肩膀、手肘、手腕的关节上，无法形成整劲。

整劲的力量有多大？可以说，内家拳高手比常人多 12 只胳膊辅助自身的 2 只胳膊发力。

如图 36，我们双手下垂，两腿并拢。并拢后的两腿与腰粗细相当，而腰大约相当于 6 只胳膊那么粗。因此，一旦利用好了腰腿力量，至少相当于多了 12 只胳膊发力。

这还只是笨力气。假如再加入杠杆的支点，缩短力臂，12 只胳膊的力量可以再度放大，这样的力量无疑是巨大的。

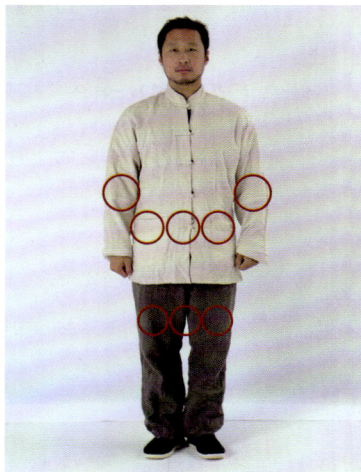

图 36

但如果我们在发力过程中，关节同向运动，手腕前伸、手肘前伸、肩膀前伸，没有反向运动，没有像螺丝、螺母一样拧在一起，那 12 只胳膊的力量到了肩关节会损耗一部分，到了肘关节会损耗一部分，到了手腕又会损耗一部分。不仅原本巨大的力量在传导过程中逐渐损耗，而且容易挫伤关节。

很多人练不出整劲的主要原因是误以为内家拳的整劲就是所有关节沿着一个方向用力。这是典型的用现代搏击的思维来研究传统武术。

七、外三合：点相反锁死的概念

明白了点的相反相合，

外三合就能做对。

找到练功正确的感觉，

自然会达到内三合。

形变能够引发内部变化。

不对的形无法产生正确的意，

也就形成不了所谓的内力。

前文讲了相反相合，理解了相反相合，才能够深入理解外三合。任何时候，同侧的手脚、肘膝、肩胯都应该是反向运动，但很多人都做成了同向运动。

（一）手与足合

几乎所有人都认为手与足合是指手的方向和脚的方向相同，这完全不对。通过特别简单的方法就可以验证。我们手脚同时往前运动，让朋友用一只手掌顶住我们，我们就会发现很难克服对方的力量，即使勉强克服了，也是顶劲居多，并不巧妙，如图37。

而在实际搭手过程中，如果手向后，脚向前，我们就能很轻易地靠近对方。这时候我们再发力，对方就很容易站立不稳（图38）。这是由于我们的手后退，一定程度上引化了对方的力量，同时腿已经闯入对方的重心领域，稍微用力就能破坏其重心。

图37

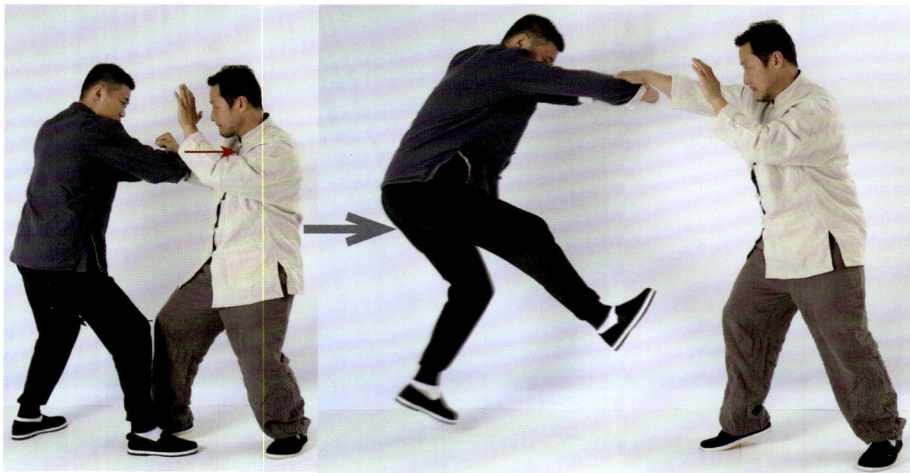

图 38

　　再比如，我们出手击打对方，对方向左或向右横拨，我们就会跟没头的苍蝇一样偏向两侧（图 39）。这就是薛颠先生说的"绝力使来少反弓"。向同一个方向用力就是绝力！

图 39

　　劈拳回收的时候也是一样，如果手回收，腿也回收，这个动作便错了。手和腿同时回收，人家顺着你的力量一送，你自己就站立不稳了，这是阴阳不分造成的。劈拳回收的时候，只有手回、膝盖前出，才能保证自身稳定。

　　如图 40 所示，手腿同向运动会让自己站立不稳。

图 40

太极拳的发力也是这样，以掩手肱锤为例，我们动作回收的时候，如果肩、肘、手同时回收，对方顺着我们的回收之势施力就会威胁到我们的重心，相当于我们邀请对方攻击自己（图 41）。

向外发力的时候，手、肩同向向外用力，我们的力量如同一条竖直向前的直线。对方可以轻松地沿着上下、左右方向改变我们的打击方向，导致我们想要击中对手，但是发力后却偏离了目标。

图 41

太极拳所谓的支撑八面，形意拳所谓的劲力周全，含义都是当我们向前出手时，对方尝试从左右、上下改变我们的打击方向，却改变不了。如果打出一拳去，对方一横拨，我们这一手就没用了，这只能证明我们自身的劲力不周全，没有掌握住缠丝或者拧裹钻翻的劲。

带着这样的思维去理解古代拳谱中"打法定要先上身，手足齐到方为真"这句话，才会发现这句话的真义。

我们以前以为的手足齐到，是手足同时落地，但是真的遇到阻力了，手足同时向前或者同时向下都难以完成。大家跟小伙伴一试便知。

须知"手足齐到方为真"前面还有一句更重要的话——"打法定要先上身"！如果想身体靠近对手，不能手足同时向前。只有手退足进，分开阴阳，才能贴近对手，身体的力量才能够发挥。

因此"手足齐到"的意思，并不是同时到位，而是手足到正确的位置上。

由于大部分练习者没有对抗的经验，推手的水平也不高，所以很容易想当然地去解读拳谱，而忽略了只要拳谱中提到对抗，就一定要考虑对方的阻力这一点。

带着这个思维，大家反思一下自己的浑圆桩或者三体式，有没有从站桩之初就培养克服阻力的意识？如果没有，只能说你站的桩没有内涵，是为了站桩而站桩，如此站桩，出功夫自然缓慢。

但有一种情况，手脚同时到不是错误，那种情况就是我们周身的力量都是滚动的。

我学习过耿诚信这一派的劈拳，这一派的劈拳要求脚落地、手落地像盖印一样，同时到达。大部分人练习时脚用力跺地，方向是向前的，但蹬地的反作用力会阻碍手臂力量向前，这时候手脚同时到达起的是反效果。如果这时候脚向下、膝盖向下、胯向下、肘向下，形成一个圆弧状的发力，反而可以增加手臂前发的力量，整个身体如同滚动的球一样，把力量往前输送。这也是心意六合拳、戴家拳中兼有的老劈拳的特点——身体整体走一个自上而下的弧线。

但是现在大部分人练功只练梢节，很少有人能练到腰胯脊柱上，所以很难产生整体翻砸的感觉。

太极拳也是一样，但太极拳前后力量较少，左右转动较多。练太极拳的朋友久练没根，出不来功夫，更多的是肘与膝合、肩与胯合的问题。

（二）肘与膝合

什么叫肘与膝合？胳膊肘和膝盖的方向也是相反的，而不是相同的。

我们先以形意拳为例。很多人站三体式，腿上不使劲，导致膝盖完全放松，检测桩功结构的时候就扛不住对手下压的力量（图 42）。

图 42

同时我们的三体式很容易膝盖向前用力，胳膊肘也向前用力，对手稍微向左右偏拨我们的前手，我们整个人就会冲向对方的拳头，重心完全丧失（图 43）。

浑圆桩是两脚平行站立，在前后方向上最容易被人推动。如果我们站了浑圆桩，却扛不住对手推的力量，在太极拳中就做不到支撑八面，在形意拳、八卦掌中就做不到劲力周全。而三体式是前后站立，左右最不稳定，如果不能扛住左右的推力，就是没有练出来左右力，就达不到古拳谱的要求。

太极拳练功过程中容易存在的问题是同向问题，即在转身的时候，身体右转，肘也右转，同时膝盖也右转。

很多朋友自己发现不了这个问题，不觉得这是错的，认为这是人体的自然习惯。一位朋友曾经跟我说："庞老师，我练拳过程中，鞋子的外侧磨损得

图 43

特别厉害，是怎么回事儿？"他是犯了同向的毛病，右转的时候，手脚肘膝都右转，于是脚外缘就承担了很大的压力。

　　我们用一只手做一个实验。在练习太极拳中左右转动的动作时突然停住，让朋友用一只手轻轻地沿着转动方向推一下我们的膝盖（图 44）。如果站立不稳，就说明大家练拳没有把劲力练到腿上。空练的时候很好，一做受力检测就发现练的是错的。

图 44

这还只是在静止状态下，如果运动起来，特别是在搭手受力后就更不敢左右转动了。本来就连一只手的力量都承受不住，怎么可能承受得住对方全力的对抗？静态下的劲力漏洞，在遇到对抗时就会被放大。

为什么那么多的朋友练太极拳会把膝盖弄伤？就是因为在上肢转动过程中，膝盖也在不自觉地转动，与肘形成了同向运动。

人的膝盖是可以屈伸的，但向左右活动的范围有限。常见的错误的太极拳练功方法恰巧是膝盖左右晃动，加上重心压得低，体重作用到不稳定的关节上，最终导致关节受伤。

正确的练功方式也很简单，就是当胳膊肘右转时，膝盖一定保持向左扣住。大家如果按照这样的动作标准去练，身体上下就能锁死，当对方再推我们的膝盖时，我们就不会有向一侧倾斜的危险（图45）。

图45

太极拳也分很多流派，各流派的细节区别很大。大部分练习者只会从套路的角度去分析哪个套路架子大，哪个套路架子小，但这些都不是核心。我学习过的流派中，洪均生先生的太极拳细节研究更扎实，对于人体的点及其运动能力的阴阳搭配研究得最为透彻。

按照洪均生先生传授的细节，假如肘向后，则膝盖要向前；肘向左，则膝盖要向右；肘向下，则膝盖要向上，即肘与膝的方向完全是反着的。可能听上去很复杂，但这是洪先生对"肘与膝合"的高度总结。洪先生用正反缠丝这个具体的练法，将这些细节串联了起来。这个基本功就是在练习相反相合，也就是在练习分阴阳。

因此，我所教的太极拳，在站桩、活肩胯之后，第 3 个训练内容就是缠丝训练。通过一天 1000 圈以上的练习，掌握太极拳的核心理论。只要有正确的方向，出功夫并不难。

（三）肩与胯合

肩与胯合也是反向相合。大家都知道形意拳的崩拳是胯打，但如果我们的胯往前、肩膀也往前，当对方搭上手之后，往左右一拉，我们的进攻方向就被对方改变了（图 46 ）。

图 46

三节同向用力这种练法只考虑了前后方向，但凡考虑到对手可能会在前后方向使出顺手牵羊招式，或者在左右方向施力改变我们的进攻方向，我们都不敢朝单一方向用力。这种现在多见的直打直的形意拳练习方法，是古代形意拳师傅们最反对的练习方法——绝力（薛颠先生所言）。

只有你肩膀的用力方向和胯的用力方向相反的时候，对方才破坏不了你的结构。用力方向相反的时候，肩胯会反向拧转，身体如同磨盘一样沉重有力，达到老前辈所谓的"推之不动，拉之不开，压之不散"。

　　肩与胯合的问题，在太极拳中最容易出现。我们以野马分鬃为例，大家如果只看图 47，会感觉这个动作没什么问题。然而只需要一位朋友用两根手指顺着我们的转动方向拉一下我们的肩膀，我们就会站立不稳（图 48）。

图 47

图 48

　　大部分人觉得，图 47 中的姿势除了动作不是很舒展，其他还可以，胯也松，肩膀也不紧张。然而看上去是对的，其实却是错的。因为肩胯没有反向相合，所以看上去松，一受力全不对。

关节的松只是要点之一，松之后还有很多东西。拳谱中说"先节节分家，然后节节贯穿"，节节分家需要松，节节贯穿就需要关节拧合了。

如果大家自己摸索，需要多少年才能想通这个道理呢？我感觉很少有人能想通。都说"真传一句话"，这一句话不说，把人累垮也可能练不出功夫。

我为什么非要写这本书？因为我们现在太缺乏对传统武术的基础理论的研究了。

心得只是对某一阶段的感受的总结，哪怕我们的心得建立在正确理论的基础上，但过一段时间，随着功夫的进步，自己就可能会推翻现在的心得。

有时间发表阶段性的感悟，不如静下心来多思考现状。否则，错误的起点，错误的练习过程，会产生错误的感受，让人错误地以为自己是对的，如果再好为人师指点别的武术爱好者，就会把自己的错误传给别人。

内家拳的练功过程，如同一个精密机械，从底层逻辑到上层建筑均精密无比。一环错很容易导致后续所有环节全部不对。传承的好处就在于它如同一本字典，里面含有丰富的信息，能把大家的错误理解拉回到正轨。

正确信息与错误信息之间的巨大差距，导致了即使告诉大家正确的东西，短时间内大家也可能很难理解。

很多朋友，当我诚恳地告诉他问题出在哪里的时候，他并没有闻过则喜，而是感到被冒犯了，不是很高兴。

因此，写这本书的时候我自己内心也很纠结，因为一旦想法形成文字、写成书，可能会给读者的武术知识体系造成颠覆性的影响。我曾经也为了自以为正确的东西投入了很多的金钱、时间、精力，所以知道知识体系被全盘推翻并不是一件令人快乐的事情。

然而武术问题容不得半点马虎。身为研究者，阐述真相是责任。当然这本书中所写的理论，肯定也是我以为的真理。里面若存在错误，也欢迎朋友们指出，帮助我改进。

八、发力与三角形的过渡

力发于脚，还是发于丹田？

内家拳发力完全不同于现代搏击，

重心被威胁的时候，您敢蹬腿发力吗？

想当然的猜测不能等同于事实上的正确。

我们在前文中知道了用腰腿发力可以爆发出很大的力量，可以称作 12 只胳膊发力。我们详细论证了发力过程中，三角形可以起到减少损耗的作用，并可以把更多力量过渡到对手身上。

在现有的几何结构中，没有比三角形更稳固的了。在前文我们知道了三角形的重要性，但很多朋友都以为发力是靠蹬腿，特别是练形意拳的朋友，他们错误地理解了"消息全凭后足蹬"的含义，频繁地蹬腿发力，导致腿部三角形发生形变。

要知道，人发力大概是沿着水平方向向前的，腿部三角形的变化会使重心上下起伏，导致我们蹬地的力量在上下方向上有损耗，而不是向前全部输出（图49）。

图49

过去有经验的师父要求徒弟练拳过程中头部的高度不能变化，也是为了压住腿部三角形，尽量减少重心的上下起伏，从而减少蹬地的力量在上下方向上的损耗，最大限度地将力量发至前方（图50）。

图50

腿部三角形的变化会让我们重心不稳。以我站在半圆形波速球上的演示为例，波速球本身是不稳定的，就如同在推手过程中，对手压迫到我的重心，令我站立不稳。这时候不能蹬腿，以免腿部三角形发生形变。无论腿部三角形是扩大还是缩小，都会加剧波速球的摆动，让我更容易失去重心。因此，重心受到威胁时，腿部三角形运动越少越好。

当然，很多人解读拳谱时都不考虑对抗因素，凭直觉认为蹬腿发力更能用上力。大概率来讲，练拳过程中，我们的手臂三角形与腿部三角形都是尽量不动的。大家如果看功夫很好的前辈的拳照，例如孙禄堂、杨澄甫、洪均生等的拳照，就可以发现，他们在练功过程中，无论是手臂还是腿部，三角形的角度基本是不变的。图51就是孙禄堂前辈的拳照。

大家以为的"发力起始于腿"是不对的。《太极拳论》怎么说的？"其根在脚，发于腿，主宰于腰，形于手指。"怎么才能主宰于腰？腿部三角形不动，蹬地的力量自然过渡到腰，转腰发力，在手臂三角形不动的前提下过渡到对手身上，这不就是主宰于腰了吗？

图 51

蹬地本身并不发力，而是利用地面的反作用力，结合丹田的发力产生合力。另外，形意拳的"消息全凭足后蹬"，说的是"消息"，不是"发力"，大家不要错误理解。

这是我们练拳过程中，由点延伸到三角形的几个相关概念。很多朋友会问：手臂要维持三角形，腿也要维持三角形，这些地方都不动，还怎么练拳呢？请继续往后看。

九、不动与身法

内家拳练的是阴阳，

也就是矛盾。

拳法中没有规矩，

是不出功夫的最大原因。

现代人练拳时手臂、腿经常乱动，所以练来练去不出功夫，即使练出功夫，与老前辈们相比，功夫也差得很远。手臂动得多，转腰的力量肯定会在关节处打折扣，发不出来；腿动得多，重心不受控制，则进退失据。

只有手臂和腿的三角形尽量维持不动，才能倒逼着练出身法。身体左右转动、上下折叠（即形意拳的拧裹钻翻，太极拳的胸腰折叠），才能产生内家拳的身劲。

手不动、腿不动，才能倒逼身法出现，这是真正提高功夫的秘诀！多少人乐此不疲地练习手法而不研究身法？其实不是不研究身法，而是大部分人压根儿不知道身法是什么，自然也就没法儿去研究。

太极拳宗师洪均生先生最注重练拳的规矩，认为有规矩才能形成正确的练功习惯。王芗斋先生说：大束缚得大自在。没有规矩的束缚，根本诱导不出身体的自在变化。

现在很多人只用手臂练拳，自己怎么舒服怎么来，这种练习方法会令人产生舒适感，让大家心理得到满足，觉得不太劳累就能够让身体健康挺好的，使得内家拳广泛传播。但传播得广，高手却不多，因为这种练法是错误的。很多看上去不对、别扭的练法，往往才是正确的。

十、抻筋拔骨，松与紧

练拳到底要松还是要紧？

哪一种更能开发人体极限？

抻筋拔骨都快成为"口水"词了，

但真正的抻筋拔骨您见过吗？

从相反相合的概念延伸，才能讲到下一个概念——抻筋拔骨。

抻筋拔骨是现在大家用滥了的词，我们从网络上搜到了很多教人抻筋拔骨的视频、文章。从技术上分析，这些老师练拳都是手脚同向的，不仅无法应用，而且跟反向抻拔的抻筋拔骨无关。

手腕向前、胳膊肘向前、肩膀向前，这些动作更接近体操，并没有反向拉伸关节，不反向拉伸关节，怎么可能会有抻筋拔骨的效果呢？

要知道，抻筋拔骨绝对是一个痛苦的过程，没有大家想象的那么简单。在《水浒传》"赤发鬼醉卧灵官殿，晁天王认义东溪村"这一章中，说晁盖"最爱刺枪使棒，亦自身强力壮，不娶妻室，终日只是打熬筋骨"。这里形容筋骨训练的词是"打熬"，非常形象！

同样，在李荣玉先生的《走进王芗斋》这本书中提到，王芗斋称站桩为"上刑"，这位大成拳的创始人甚至这样说："意念，什么意念呀！给你上上刑（站桩），你还有什么意念呀！刑上过去什么意念都出来了。"也就是说，先能忍受站桩的辛苦，然后才有资格谈意念。是不是与我们大家的理解完全不同？

举个容易理解的例子，大家都会压腿抻筋。压腿一定是先钩脚，固定脚腕，胯沉下不动，固定于一点，然后弯曲身体，此时才能感觉到筋的拉伸。此时，脚后跟向前蹬，胯向后拉，明显是两端反向用力。这个过程非常痛苦。所有不痛的抻筋拔骨，都是伪概念，甜蜜蜜的东西是不符合前辈们对于抻筋拔骨的认知的。

我曾经拍过一个视频展示抻筋拔骨（扫下页二维码可看）。拔骨指的是肩胛骨与脊柱分离，从这个视频中能明显看出骨骼之间的凹陷；抻筋是肋下、颈部两侧有明显的筋条绷起。在这个过程中，筋肉拉伸，骨头分离，疼得人想抽筋。

抻筋拔骨

形意拳的抻筋拔骨要练出"四梁八柱"，即颈部两侧大筋、肋下两侧大筋、脊柱两侧大筋、大腿下面两条大筋。

而各个关节同向运动的站桩或者练拳的方式，压根儿不可能练出抻筋的效果。按照相反相合的概念站桩，关节与关节远离，才能达到这样的效果。阴阳翻拳功的创立者赵福江说"筋要抻骨要缩"，指的就是反向拉伸。

抻筋拔骨的具体练法其实很简单，分为两个部分。

第一部分，先具备反向力量。这个东西先要有老师教，更重要的是要有老师帮你指正，不然很容易就走偏了。

武术的失传并不是隔代失传，而是当代失传。一位老师曾对我讲："我现在告诉你桩怎么站，扭头喝口水的功夫，你就变形了！"

很多朋友都很自信，认为凭借自己的心得经验可以自行摸索练拳。希望上面这段话能够打消大家的这种想法。就算老师认真地教，动作都会因为自己的理解不足或者惰性而变形，何况自己摸索？

学武不容易，老师省一句话，可能你就得摸索很久，得出的东西还可能都是错的。为了避免这种情况出现，我才立志建立内家拳的基础理论，公开训练要点。

从长远来看，技术公开的好处有很多。我们的学员里不乏人才，他们有基础、有经验。在掌握众多要点之后，他们可以根据自己的经验，把这些要点深化、提高。整个技术体系相当于在不停地完善，日久天长，学习、传承的人会越来越多，断绝的可能性会越来越小。

第二部分，在反向力量的前提下进行 S 形拧转。

王芗斋先生说过，手臂如果不经历 S 形拧转，一辈子不会出大功夫。而一旦练习真正的功夫，很多朋友会觉得自己浑身紧绷、僵硬。很多朋友问：这会不会与内家拳的松反了呢？

很多人都把内家拳的松放在了第一位，其实这是不对的。形意拳、太极拳、八卦掌，没有一个是把松放在首位的，讲的都是松紧结合。

形意拳、八卦掌拳谱中都说"紧四梢"。也就是牙齿、手指、脚趾、舌头都要紧。连舌头都要紧起来，这一点是不是与大家"周身放松"的普遍认知相背呢？

《陈鑫陈氏太极拳图说》中讲：

纯阴无阳是软手，纯阳无阴是硬手；

一阴九阳根头棍，二阴八阳是散手；

三阴七阳犹觉硬，四阴六阳类好手；

唯有五阴并五阳，阴阳无偏称妙手。

陈鑫先生明确指出，纯阴（松）无阳（紧）是软手，没法儿应用的。五阴五阳、松紧结合才是正确的。

老前辈功夫高，遇到功力浅的人，感觉不到对方的力量，很放松地就能化解对方的攻势，将其打发出去，显得轻松精彩。于是大家都学习老前辈的松，却忽略了老前辈的功夫是通过抻筋拔骨的紧，用一辈子时间练出来的。现代人冲着结果练拳，看到老前辈的最终状态，就想直接追求。于是，"大道甚夷而民好径""道不远人人自远道"的情况再次出现。

需要知道，松不开发人体极限，紧才能开发人体极限！是不是所有提高身体素质的方法，都会让你感觉到疲惫？松着练功，能提高你的身体素质吗？能养生吗？提高不了身体素质，怎么可能起到养生的作用呢？

这里面涉及一个重要的练功逻辑，我需要跟大家交代清楚：松着练导致紧着用，一辈子不出功；紧着练才能松着用，应用起来游刃有余！

大家平时练功松着练，手腕、手肘、肩膀三道防线都完全放松，起不到防御的作用，推手的时候很容易被对手的力量作用到自己的重心上，重心不稳的时候急于调整重心，身体立刻僵硬，推手即宣告失败。

真正处于对抗状态的时候，人通常都是紧的。如果平时松着练拳，这种紧张的状态就是陌生领域，对抗时即使有功夫也施展不开。所以松着练并不能让你松着用。而真正的练法，正如教真东西的洪均生老先生所说："铜指铁腕！"手指头用力时要像铜铸的一样，手腕用力时要像铁一样。

形意拳拳谱说，练功的时候四梢要紧。我叔叔庞恒国跟我说，过去练习八卦掌转掌，手上都戴着石手套，手腕手指自然用力。这就是在模拟跟对手搭手的状态，双方较量，谁敢放松？手腕、手肘、肩胯三道防线，必须用力以掤住对手的劲。在掤住的前提下，肩胯松开、旋转，化解对方的力量，才是真正的放松，也就是拳谱中说的阴阳相济。

因此，平时训练的时候要梢节用力，模拟真实对抗时候的紧张状态。在这种紧张的前提下肩胯放松，能够转动，才是符合实战对抗要求的真正的放松。

紧中松很多前辈都提到过，但很多人不信。大家以为的放松，恰恰是初学者不应该侧重的东西。太极拳大师李雅轩大松大软的理论影响了很多人，但是大家忽略了前辈说这话的两个前提。

（1）大松大软是对谁说的？

一般人连掤劲都没有，何以支撑住敌人的劲路？初学者周身用力掤住尚且支撑不足，何谈放松呢？大松大软是前辈对有功力的，特别是已经具备整劲的徒弟说的。他们功力十足，掤劲已经成为本能，然而可能缺少变化，不灵巧，所以前辈才告诫他们要"大松大软"！大松大软，一是能够灵活转换，二是能够敏感听劲。

我们也想大松大软，但是不是得先有跟老前辈的徒弟一样的功力水平之后才有资格追求呢？没有掤劲、没有支撑就谈放松，简直是天方夜谭，能出功夫反而奇怪了。

（2）大松大软是怎么做到的？

李雅轩前辈讲大松大软，也是在自己年老之后，有五六十年的纯功做基础才敢讲的！他成名前下了多大功夫，您有没有想一想？省去别人五六十年的努力，直接一步到位练出最高境界，世上哪有那么好的事儿？

对的理论很重要，对的练功顺序也很重要。

因此，我们在传承时，应严格遵循古传形意拳、八卦掌、太极拳的练法。太极拳的负重缠丝，形意拳的负重三体式，八卦掌的负重套路，这些练法并不是我们自己研究的新练法，而是符合古人授拳逻辑的好练法。

现代人是练起来松，一用就紧，练的跟用的不一致。

古人是练的时候紧，用的时候松，游刃有余。

第三章

内家拳拳理

与

几何学概念

前文我们讲了内家拳的基础理论，例如点的概念、三角形的概念，先有结构支撑具备掤劲，才能讲松活圆转。从本章开始，我们将深入探讨人体的结构模型，为大家揭示更多内家拳原理。

一、方圆相生，三角形与圆形

太极拳大师郑曼青先生说：

"三角者，真为组成圆形之根基形体，

圆之作用，与其所包含之三角形，

极有干系。"

内家拳又要人松，又要人紧，貌似非常矛盾。那么在练习的过程中，到底哪里应该放松，哪里应该紧呢？具体又是怎么做到呢？我们会在这一章为大家解释清楚。

《陈鑫陈氏太极拳图说》中曾说太极拳"方由圆生，圆因方成"。这句话说的就是我们理论体系中三角形与圆形的关系。方不是指正方形，只要带有棱角的形状都算方。到了近代，太极拳大师郑曼青先生也一再强调方圆相生这个理念。

前文中我们说过，想要维持住掤劲，身上的各个点就要形成不同的三角形以支撑对方的力量。在训练过程中，这些参与组成三角形的部位是无论如何都不可以放松的，但是我们的肩胯需要放松。

从几何结构上来看，人体是这样的一个模型：外面的方（也就是三角形）负责支撑，里面的圆柱体左右转动（前文的圆柱体理论）以化解对手的进攻力量（图52）。

为什么我们做不到肩胯放松、外部紧张？

因为大部分练习者，外部没有三角形支撑，一受力就会被对手压迫重心，所以松不下来（松不下来的原因，竟然是因为没紧张

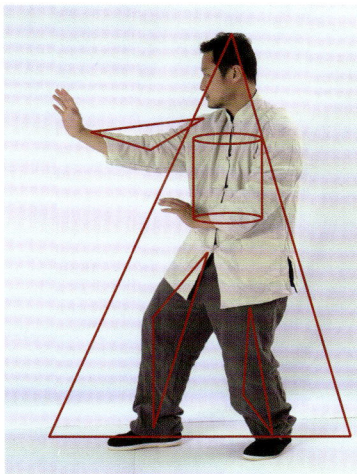

图52

起来，这个逻辑是不是很神奇？）。另外，肩胯的运动模式也不对，没有做到前文说的守住中轴线，运动的幅度不是过大就是过小。

仔细研究的话，人体两手、两腿都是需要固定住的三角形。手部三角形由腕、肘、肩膀组成，腿部三角形由胯、膝、脚腕组成。

外面的东西是要一动不动的，但内里的骨盆在一定程度上是可以左右、上下转动的。随着内家拳的功夫越来越深，在外部三角形都不动的前提下，骨盆运动的幅度是可以越来越大的。太极拳中的"裆劲暗换"、形意拳中的"活胯如猛虎"都是这个意思。

只有外面不动、里面动，才叫暗换。搭上手之后，在手臂接触点不变的情况下，腰胯已经完成了劲路的转换，对手是感觉不到的，这才是暗换。而很多人做的都是明换，腰胯一动外部就跟着动，很容易被对手发现目的和意图。

老拳谱的每个字都是经过斟酌的，只是我们水平不到，理解不了，也做不到。

如果没有手臂三角形、腿部三角形的支撑，对手搭手时所用的力会直接作用于我们的重心，我们失重站不稳，就没法儿化解对手的力量。但是如果有外部三角形掤住对手，我们就可以通过活开肩胯，用躯干圆柱体旋转化解对方的力量，这叫作化力，也叫"牵动四两拨千斤"。

因此，关于内家拳哪里该松、哪里该紧的问题，就可以得出结论了。所有维持外部三角形的关节都必须用力，例如太极拳的"五脖要紧"，也就是两个手脖、两个脚脖，以及颈部需要紧，这几个点恰巧都是维持腿部三角形、手臂三角形、整体三角形的重要的点。而两肩、两胯必须放松，只有两肩、两胯放松，才能在具备掤劲的前提下，圆转化解对方的力量。

因此，秘传的功法都是让大家适度用力，而不是完全放松。

前面我们聊到了松紧结合。紧代表着掤劲，必须在松之前，否则人就会像无根之草，一碰就倒。

如何建立掤劲呢？太极拳前辈郑曼青先生说得特别好，"太极拳是方圆相生"。此言与李存义先生通过勾股三角形讲解横拳劲路有异曲同工之妙，非常形象生动。寻找到身体的方，才能完成掤劲的搭建。那么，什么是方？

以太极拳宗师杨澄甫先生拳照（图53）为例，不同的点相连，会构成不

同的三角形。身上几乎任何三个点都能形成
三角形，三角形相互支撑，构成结构。

现在我们做出图53的动作，让对手推我
们的右手。对手的力量会通过我们右手的三
角形过渡到躯干，通过躯干过渡到腿部三角
形，然后被引向大地。对手推我们会感觉非
常费力，而我们自身并不怎么用力，这就是
掤劲。

掤劲不是一个向外的劲力，这一点我们
前文曾经说过。

第一，掤劲方向向外，容易与对手顶牛，
不利于自身重心的稳定。以浑圆桩为例，如

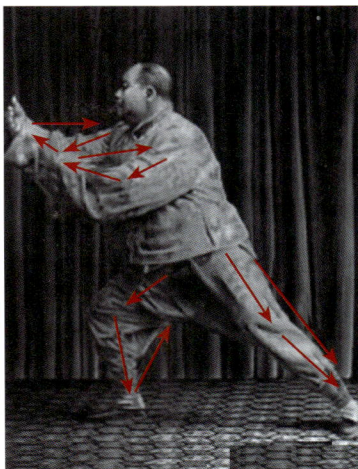

图53

果对手想要破坏我们的重心，自然会用一个向前的力量，而我们为了维持住
掤劲，如果也是胳膊向外撑，则力量都集中在肩胛部位，若对手之力向后延
伸到我们重心的延长线上，我们很容易站立不稳（图54）。

图54

第二，掤劲的力量向外，容易被对手拉开间架，起不到防御作用。为何容
易被对方打开防御间架？假如我们掤劲的力都是向外的，一旦对手向前破坏我们

重心的力量变成了向内挂，我们就会立刻被对方拉开防御，空门大露（图55）。

图55

　　由此可见，维持住掤劲的关键是维持好三角形结构。这个力量是锁死咬合的，没有向外也没有向内。随着对手推拉方向的不同，适度变化三角形的大小就好了。对手推得多时，我们的三角形外撑一点，三角形扩大一些，同时保持好结构，就可以抵抗他的推力了。一旦对手变劲外拉，我们可以把三角形缩小，向内钩挂的力量多一些。这样就可以达到老前辈们的"抱六撑四"或者"抱四撑六"的要求。

　　当然，具体过程并没有那么简单。这种向外的力量与向内的力量相平衡的状态，是通过筋肉的拉长与骨架的回缩达到的，完全建立在点的相反结构以及正确地搭建起身体的各个三角形之上。对手施加于我们身体的力量，都被三角形结构引向大地，相当于对手在与大地对抗，我们自己感觉很轻松，但对手会感觉非常吃力，这种状态才是不丢不顶。

　　要训练自身的三角形结构，构成三角形的各个点肯定都得适度用力。关节之间反方向用力，对拉拔长，可使我们的肌肉及韧带得到适度锻炼。久而久之，劳损、腱鞘炎、网球肘、肩袖肌群综合征会得到一定程度的缓解。

　　这样的三角形结构只能通过内家拳中最重要、最基础的静态桩功训练出来。缺乏桩功的训练，很难搭建起正确的三角形结构。

　　然而，支撑只是练好掤劲的第一步，我之前好多年都以为掤劲就是支撑，但是随着功夫的进步，我发现这是不对的。洪均生先生在他的著作《陈式太极拳实用拳法》中提到，掤劲也是一种螺旋，在支撑的前提下旋转，才是真正的掤劲。

　　王芗斋先生说过，不要做对方的拐棍。当我们站桩形成稳定的身体结构后，对手施加力量时我们不可以硬生生地承担。硬撑着对方的力量，就是做对方的拐棍了，对方容易变化，而我们相对被动，没有做到我顺人背。

　　身体能够转动变化，遇到力量就转动身体，让对手被动，才符合拳理。化解力量与反击对手同时完成，才是真正的掤劲，才符合大家对太极拳的认知。太极拳是球劲，不能碰，对手一碰就会被撞击出去。我们没有王芗斋、洪均生前辈功夫高、见识深，但他们的理解与观念，我们应该尝试去理解。

　　有的朋友没有整体结构，也就是整劲，这个比较好解决，按照正确的方法站桩就能练出来。

　　一部分朋友是有基础了，有掤劲了，但是搭手老是顶。这是典型的以为掤劲是撑住对方的劲，缺乏变化。改善这种情况的方法，就是在意识上明确掤劲不是支撑，而是支撑前提下的圆转，可以参考太极拳的缠丝功来改变自己的练习功法。

　　太极拳的缠丝功，本身就在练掤劲。但是很多太极拳练习者因为缺乏站桩的功夫，把松错误地理解为松懈，于是松松垮垮，练不出真正的功夫。

　　我的叔叔庞恒国说得特别好，松不是让我们的身体像烂白菜一样松松垮垮，而是像葡萄一样，外表看着松，提起来整个内里是膨胀的。这就是松懈与松紧结合的区别！掤不住对方的力量，自然谈不上化解。缺掤劲的朋友可以多练习形意拳的站桩功，会有很大帮助。

　　下面送给大家关于松的 3 句话，希望能对大家有所帮助。

　　（1）松是在受力情况下体现出来的，受力情况下的松活，才是真松活；

　　（2）松是在具备了掤劲的前提下苦练产生的，不是怎么舒服怎么来，不是放松着练出来的；

　　（3）自己感觉松而搭上手不管用，肯定是练功不得法。

二、丹田与圆柱体

> 躯干首先要成为圆柱体，
> 才可以转动、化力。
> 然而圆柱体截面太大，
> 只有形成丹田，
> 功夫才高。

传统武术都讲丹田发力，但是事实上，只有很少一部分人能够形成丹田。

前文中我们讲过，腰胯的运动必须脱离外部三角形，内外分家。这是形成丹田的第一步，也是太极拳中的"先节节分家，然后节节贯穿"的第一步。假如没有完成内外分家，一举动周身同时转动，就是囫囵的状态，是双重，没有资格谈论丹田。

前文中我们还说过圆柱体的原理，大家理论上能明白躯干是一个圆柱体。但是仅仅活开肩胯，使躯干这个圆柱体能进行内转是不够的。因为圆柱体转动的时候，肯定是肩胯同向转动，与肩胯反向相合的概念是相冲突的，无法形成稳定的咬合结构。

并且前文中我们还提到过，圆柱体只具备左右力量，且由于纵截面面积较大，在上下、前后方向上支撑不足，很容易受力。

因此，为了在推手过程中更具备优势，我们必须要空胸实腹，形成丹田。所谓的"空胸实腹"，其实指的是，在练拳的过程中，腰胯可以不和身体的圆柱体同步转动，而单独进行左右、前后、上下方向的旋转，形成类似球体的转动，并且腰胯转动的时候，上肢、肩胯被动地跟随其转动，甚至有的时候反向转动。如果能做到，就达到"主宰于腰，形于手指"的状态了。

当完成了丹田的构建之后，会出现一个特别有意思的现象。丹田是人体的中节，它的转动其实是快于肩胯的。因为肩胯与头、胸形成上盘，腰腹是中盘，腿脚是下盘。而人体能够做到如同磨盘一样，上下动得慢，中间动得快。利用这种速度差与时间差，碾压对手的劲路，这才是拳谱中节节分家的含义。先节节分家然后才能节节贯穿。

很多朋友重心松沉不下去的原因，就是肩胯只能同向转动。

初学者须先形成圆柱体，以获取化解对方力量的能力，然后再进行丹田的构建。没有圆柱体形态，就构建不了丹田。但圆柱体绝非终极形态。

真正形成了丹田后，在人体的竖直方向上，胸部、丹田、腿部会形成 3 个能反向、同向转动的圆球，在中轴的贯穿下，如同糖葫芦一样，但能朝着不同方向转动，化解对方的力量（图 56）。具备了这样的结构，才能做到太极拳中的受力后立身中正，才能如同不倒翁一样。

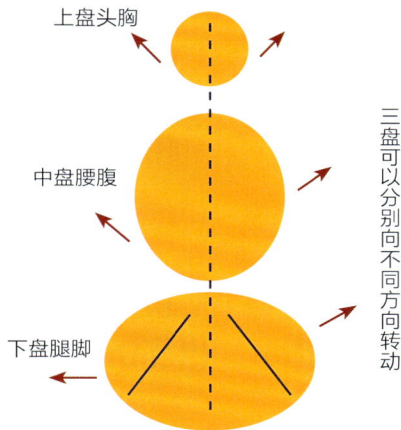

图 56

拳法在每个阶段有每个阶段的"正确性"。

初学者，圆柱体能转动就对了，做好了圆柱体才有资格谈丹田。

初学者放松也是对的，但放松了一段时间就得研究掤劲，得加入三角形概念了。一味地放松不容易获得提高。

初学者先站桩后习拳法的思维也对，但是练到具备掤劲却一直不开拳就错了。

初学者永远不要追求绝对的正确，只要方向对了，持续练下去，就有提高的可能。

洪均生先生老年时，他的拳法在我们看起来已很圆满了，但可能在他的老师眼中还是有瑕疵的；我的叔叔庞恒国，他的拳法在我看来很高明，但在他的老师眼中可能还是有瑕疵的；我的拳法，学员们感觉还不错，但在我叔叔眼中，还是有很多瑕疵的。

练拳的过程是循序渐进的，谁也不可能完全对，只能逐渐接近正确。

上来就冲着结果练习，忽略试错的过程，就好比爱迪生省去了上千次的实验，一下子就发现了电灯泡的材料一样，几乎不可能。

所以拳法也需循序渐进，晋级式的教学过程也是势在必行。必须有清晰的阶段性目标，才能让内家拳练习者的功夫逐渐进步。

有的朋友开口不离丹田，但是跟人搭上手后，自己站都站不稳，一点儿功力都没有。

不是气沉丹田导致重心落到脚底，而是因为肩胯突破同向运动，形成丹田，才能够气沉脚底。肩胯同向运动是永远不可能形成丹田的，再怎么从意识上导引也没用，武术不是玄学。

为何气沉丹田，或者做到气沉脚底，就能练出让对手站立不稳的内家拳功夫？

我们手臂与对手相搭时，对手对我们使用的直劲很容易被我们上盘的左右转动化解，不指向我们的中轴（图57）。

图57

丹田从下方斜切，斜45°甚至15°指向对手，可起到自下而上撬动对方的作用。对方力量打空了，我们的力量从下往上撬着他，他肯定站立不稳（图58），发放自然是很容易的事情。所谓丹田气打也是这个意思，不神秘，能练出来。

想把圆柱体变成丹田不容易，需要一个非常重要的练功过程，叫作空胸开肋。这个用文字解释起来有点复杂，视频表现得更清楚。大家可以扫描前勒口的二维码观看相关讲解视频。

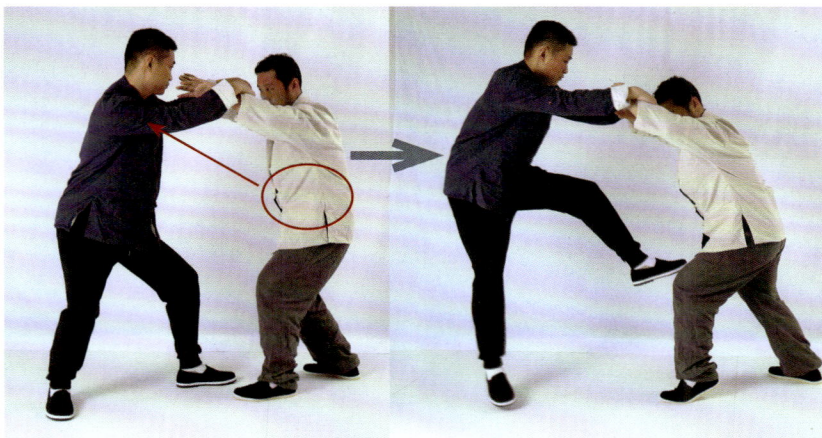

图 58

因为直立行走，人更多的是用腿去承担体重，肋部很少有机会运动，所以怕击打。优秀的内家拳老师完成开肋后，肋间肌肉能够训练得如铁板一般，不怕拳打腿踢，这样的高手其实民间有很多。

西方体育为了增加打击力量，通常都是做加法，以提高上下肢的力量。而内家拳的训练方式是做减法，通过建立身体结构，减少关节对力量的消耗。因此，两者结合起来训练，应该会有很好的效果。

言归正传，关于开肋，大家可以参考猫去理解。它们的爪子都很短，然而由于肋骨打开，脊柱非常灵活，一下子就能窜出好远。又如鱼，鱼一般都是左右摆动身体来前进，脊柱相对坚硬而肋骨相对较软，假设鱼的肋骨跟我们的肋骨一样都是坚硬的，它们能这么灵活吗？显然是不能的。形意拳号称象形取意，其实就是跟陆地动物学，跟水中动物学，恢复动物本能。

《隋唐演义》里说李元霸"板肋球筋"，意思是他的肋骨不是一条一条的，而是板状的，肌肉充实其中。实际上，就是长－期刻苦的武术训练使得李元霸肋间肌硬如铁板，异于常人。其实单就开肋来说，开肋能够细分为上下开肋、左右开肋。近代武术家王芗斋先生为何发明很多两手高举的桩法（图59）？大家练习这些桩法的时候，有没有感受到肋间的拉伸？如果能感受到就对了，因为这些就是练习上下开肋的桩法。

至于左右开肋，八卦掌、形意拳为何有那么多拧裹的桩法？自然也是为

图 59

了练习左右开肋。不然八卦掌那么别扭的身体拧转（图 60）和圆形转圈是为了什么？理论通了，才能知道内家拳的动作安排都是经过前辈深思熟虑的。我们对前人的传承要有敬畏之心，在练明白之前，不要随意改动它的细节。

图 60

三、三盘分家与绞动模型

《逝去的武林》中称八卦掌是绞杀，实际上说的就是形成丹田后，上中下三盘绞动的过程。内家拳都要求身体练得如蟒蛇一般，只是表述方式不同，太极拳叫缠丝，八卦掌、形意拳叫拧裹钻翻。

蟒蛇杀伤对手靠的并不是打击的力量，而是绞动的力量。内家拳形成丹田的目的也是让身体在上下方向上，也就是几何学中的 y 轴上，形成三个能左右、上下转动的磨盘。

磨盘转动是典型的绞杀，底下的不动，上面的动，分开阴阳，把中间的东西研磨绞碎。如果磨盘同向转动的话，物体只会受到磨盘的压力，而不会受到绞的力量。

因此，绞杀的模型有助于大家理解太极拳的各个劲路，非常重要。实际上三大内家拳中，形意拳与八卦掌的理论体系相对明确，因为没有那么多套路，开手练拳就是练功。而太极拳因为有太多套路招数，大部分人都是迷迷糊糊地练习套路，很少去思索背后的拳理。

我们以手动的绞肉机为例讲一下绞杀。我们用手握着绞肉机的把手做圆周运动，这个力量并不大，别人用一只手就可以阻止我们转动把手，但是谁也不敢把手伸到绞肉机里面去阻止。我们可以想象，绞肉机的内部有很多齿轮，每个齿轮都是阴阳相合的（图61）。就算对方再强壮，也不敢把手放在齿轮咬合的位置，因为齿轮的反向咬合结构可以把转动时的很小的力量转换成挤压搅动的力量，造成很大的伤害效果。

图61

太极拳的捯劲很容易把人的关节打断，用的就是三盘反向的原理。下盘腿部控制对方，上盘把对手的关节捯直，中盘转动打断对手骨头连接的部位，这都是绞动模型产生的强大力量。

从体态上看，明显分为头到胸腔（上盘）、腹部（中盘）、腿部（下盘）三部分。

上中下三盘，每盘又能分成三节：梢节、中节、根节。人体大关节的三节分家合乎卦象。假如以上、中、下三盘分别对应八卦的上、中、下三爻，以左转为阴、右转为阳，按照不同的方向转动，可排列组合成八卦。

自身能够形成三爻，在与对手推手对抗的过程中，对方的变化也会形成三爻，两人合起来就能够产生 64 种卦象变化。按照这样的方式，易经与武术又是相合的关系。假如没有完成丹田的构建，无法三盘分家，是无法以武入道的。

太极拳练得好不好，有经验的人一眼就能看出。三盘能否形成反向运动，是功夫入门与否的重要判断标准。

例如我的叔叔庞恒国，他练太极拳时三盘的表现就非常明显。上盘相对不动，全靠中盘与腿的转动带动手法，看上去就很有力量，这种力量感就是三节咬合带来的。

中国式摔跤为何能够有巨大的杀伤力？以挤桩，也就是太极拳中的野马分鬃为例，下盘腿部管控住对手的下盘，上盘固定好把位不让对手逃脱，中盘旋转创造杠杆效应。对手的膝盖与上肢形成相反的力量，就才会跌仆腾空（图 62）。

图62

很多人看不懂前辈的拳照或者练拳视频，是因为自己水平不到。曾经我也看不懂洪均生先生太极拳的精妙之处，随着功夫的进步，才逐渐能够理解奥妙所在。

形意拳中的拧裹钻翻也是一样，如果没有完成三节分家，关节不具备反向运动的能力，就没法儿像齿轮一样发出大的咬合力。因此，如果三体式练习时不注重相反，而是肩膀向前、肘向前、手腕也向前，美其名曰"三催"，其实是非常错误的。"三催"是发力的方式，而不是站桩的要求，这完完全全是把好东西练成了错误的。

四、错误的立身中正与直线

上身直挺挺的就是立身中正吗？

那为何宋铁麟先生、孙存周先生在拳照中上身是前倾的？

前辈的动作是错的吗？

还是我们的理解是错的？

内家拳都要求立身中正，但是初学者对于立身中正的理解普遍都是错误的，所以出功夫很慢，甚至完全不出功夫。

所有内家拳的劲路都可以从几何构造及力学分析上研讨。

例如，大家都会站浑圆桩，很多人以为它很简单，实际上，当你懂了它的含义，就会知道它非常难。太极拳要求支撑八面，任何动作都能承受从四面八方而来的力量。何为支撑八面？就是哪怕双脚平行着站浑圆桩，也能够承受来自前后方向的推力。如果我像图63那样站桩，被人按黄色箭头所示的方向推，能站稳吗？当然不能。

图63

浑圆桩作为三大内家拳通用的桩法，自然也要符合上述受力要求。虽然姿势是两脚平行站立，但能够承受如图63中黄色箭头所示的前后方向的力量。

但是大部分人站浑圆桩的姿势是错的（图63），如果从太阳穴到涌泉穴画一条直线，大部分人的中轴线（红色直线）全在这条直线上。与人推手时，对手肯定会沿着黄色箭头，给我们施加前后方向的力，这个力量的方向完全垂直于我们的身体（红色直线），没有任何缓冲。手臂一受力，立刻会传导来力到中轴线，导致我们重心不稳，推手失败。这种"立身中正"是错误的。

　　长期这样练下去，不但不出功夫，还容易造成膝盖损伤。这种姿势的受力分析如图 64 所示，如果身体是直挺挺的，上半身的体重肯定会沿着红色箭头落到膝盖上。短期站还没事，越下功夫，越认真训练，膝盖受伤越重。

　　我曾经对一些朋友说这种姿势不对，他们跟我说："你考虑的是推手情况下的姿势，跟我们自己训练的要求不一样。"这让我无言以对。武术本身就是实用的学问，不符合对抗原理的姿势怎么能是正确的姿势呢？这样的姿势从力学分析上也站不住脚。那些朋友明明不出功夫，却依然深深地沉醉在自己以为正确的理论当中。

图 64

　　正确的动作对身体有很好的康养作用，但错误的动作只会对身体造成伤害。

　　如果站浑圆桩有这样错误的习惯，站形意拳的三体式也会形成错误的习惯——上身直挺挺地如同一根棍子（图 65）。对抗的时候，如果对手直接冲击我们，力量会沿着黄色箭头，作用到上半身的中轴线，冲击重心，导致我们站立不稳。

　　以太极拳中的单鞭为例，假如上身直挺挺的，对方无论从背后推还是从前方推，都会让我们站立不稳，完全不符合支撑八面的要求。

　　我们来看一组孙禄堂与孙存周父子推手的照片（图 66）。

图 65

　　在推手过程中，孙禄堂上身微微前倾，而孙存周为了把劲力施加到父亲身上，也多次出现前俯姿态，这与我们理解的立身中正很不一样。

　　现代人练习内家拳，没有前辈身法上的前俯后仰。武术是前辈传下来的学

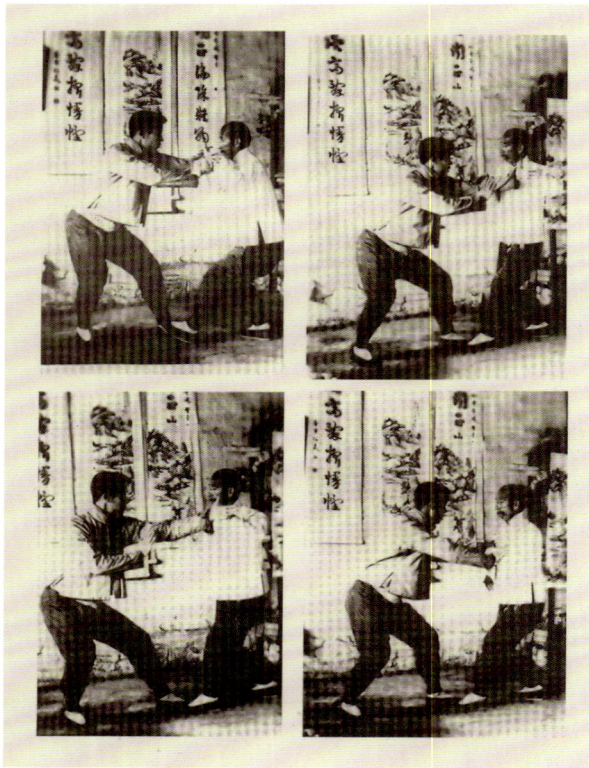

图66

图67

问，跟前辈的动作对应不上，我认为是我们错了。

真正的立身中正，指的是在对抗过程中，受力后仍能够重心稳定。身体前俯后仰、左右旋转、上拔下沉都是为了破坏对方来力，达到立身中正的目的。身体直挺挺的拳，只能被称为"僵尸拳"，是身法没有得到真传的表现。

拳谱中明明白白地指出要"涵胸拔背""胸背圆"，可是很多人不遵循拳谱，也否定前辈们的前俯后仰，只按照自己的错误理解去练功，因此无法做到立身中正。

同理，宋铁麟老先生80岁时的拳照（图67）中，姿势也是前倾的，这张拳照是老先生留给我们的财富。老先生通过自己的身体姿态警醒后人——前倾不是错。

而褚桂亭前辈的三体式站姿则微微有些后仰，大家可以自行搜索图片查看。传说郭云深先生站桩时身体后仰得厉害，他在深县（今深州市）城楼站桩，大半边身子都仰到城墙外了。同样的，杨式太极拳大师杨澄甫先生的很多拳照中身体也是前俯后仰的。

《太极拳论》讲"俯之弥深，仰之弥高"，

说明太极拳中有俯仰。

孙禄堂《形意拳学》言"至极高、极俯、极矮、极仰之形式，亦总不离三体式单重之中心"，说明形意拳中也有俯仰。

俯仰是通过身体变化，使身体能在前后、左右、上下方向上运动。左右运动通常是转腰，上下运动通常是折叠。后文我们会用几何学上的 x、y、z 三个轴的方向来重新定义内家拳的运动模式。

大家直挺挺地练拳，身体不会产生任何运动。只活动手臂和腿，自然不可能出功夫，锻炼效果也大打折扣。假如对手一拳打过来，我们是不是应该左右倾斜身体躲闪并还击？假如身体不会动，直挺挺地练拳，直挺挺地实战，若头就在对方拳头的前进路线上，就只能用手去格挡，即使第一拳没被打中，之后也总会被打中。这样的动作既不符合拳理，也不符合对抗原理。这样的练法完全不会产生身法，更没法儿产生正确的应对冷兵器的功夫。

假如对手一枪刺过来，我们不闪开对方的进攻路线，而只是简单地用枪左右横拨，那么我们很可能会被刺伤。兵器训练的核心，是身体闪开对手兵器的进攻路线。"拳成兵器就"的意思是，拳法产生的正确身法，能自然而然地应用到兵器中。现代人练的大杆子和刀，大部分都是身体直挺挺的，完全不符合传统武术的要求。

我们可以反思一下自己练的内家拳套路，看看自己有没有把身法融入其中？

立身中正是受力后的结果，是指受力后通过身法的前俯后仰、左右旋转、上下折叠化解对方的力量。前辈们按照拳谱要求，微调身法数十年，逐渐练得从外形上看不出移动。外形不动则看上去相对立身中正，同时能够克制对方的劲力。

练太极拳的人常讲："大圈不如小圈，小圈不如无圈。"王芗斋先生说："大动不如小动，小动不如蠕动。"这些话讲的都是练功需要先动身体（图 68，练拳时身法左右变化示范组图），然后缩小身体的动作幅度。跳过身体大动的训练，直接不动，等于自废武功。小孩子如果不会走就直接学跑，几乎不可能。但是很多人练拳却跳过初始阶段而去追求高级阶段，并乐此不疲。

因此，我告诉我的学员，练拳不要怕犯错，试了再说。刚学会身法运动时，如同小孩刚学会走路一样，一定会重心不稳，感觉不好。感觉不好才是在学东西。哪有小孩不摔跤就会走的道理？前文我们说过，练拳就应当让自

图 68

己处于不稳定状态，这样才是在模拟真实对抗。长此以往，习惯了不稳定，再遇到推手时对手试图让我们不稳定的情况，我们就不会被动了，对手反而无计可施、无从下手了。

大家千万不要沉迷于自我的"良好"感觉之中，自己感觉越好，通常来说越得小心。如果自己的东西不能应用、达不到对抗的要求，肯定是有地方出现问题了。此时要大胆地否定自己，尝试改变现状。不犯错、不疑惑，怎么可能知道正确的东西是什么呢？

五、双重：中心与重心的关系

> 双重这个概念，
>
> 都快把练拳的人吓死了；
>
> 都想避免双重，
>
> 但恰恰成了双重。
>
> 王芗斋先生说得最明白：
>
> "大都由片面之单重，
>
> 走向绝对之双重，
>
> 更由绝对之双重，
>
> 而趋于僵死之途。"

"每见数年纯功，率为人制，双重之病未悟尔。"《太极拳论》中的这句话让很多朋友感到害怕。大家都不想自己练了很多年，却跟人一搭手就被控制。然而很多朋友恰巧在避免双重的过程中，离双重越来越近。什么是单重、双重？下面，我尝试阐述自己的理解。

首先，单、双具体指的是什么？

根据我自己的练习经验，人都有中心与重心。中心比较容易理解，就是我们躯干圆柱体的中轴线。我们在前文的圆柱体理论中曾经说过，凡是指向圆柱体的中轴线的力量，都会让我们站立不稳。因此，我们的身体需要左右转动、上下折叠以改变对手的力线，使之不指向圆柱体中轴线。

重心就是我们体重中心之所在，无论是放在左腿还是右腿，抑或两腿平均分配体重，这都是重心的分配，跟单重、双重无关。也就是说，就算两腿平均分配重心，也不一定就是双重。

"双重（chóng）"的"重"不是指重（zhòng）心。

身体的中轴线跟重心重合，就是双重，双重会导致受力之后身法难以变化。

在不对抗的时候，人的中心与重心是相安无事的。人站在大地上，受到向下的引力，能够站得稳稳的，但是一旦对抗，被前后、左右推拉就站不稳了。在被推拉的过程中，中轴线有向重心移动的趋势，两者一旦重合，会让人难以稳定重心，容易摔倒。

"双重"中的"双"是指两个东西，这两个东西我认为是中心和重心，它俩重合在一起就是双重。

我们练拳的目的是出功夫，能够与人对抗。耄耋御众凭借的是什么？是高超的中心、重心转换能力，中心稳定住，重心在两腿之间转换。假如中心与重心重合（如自然站立时），这个时候人只有上下劲，不具备前后左右劲，一推就动，站不稳。

还是以第二章中我让人从背后推我的视频为例。那个过程中，我的中轴线尽量不动，因为中轴线用于掤住对手的力量。中轴线一旦移动就意味着对方的力量大于我们支撑的力量了，我们被推动了。中轴线一旦歪斜，就很难再调整过来。我在维持中轴线不动的同时通过圆柱体的螺旋转动化解对方力量，通过两胯的变化调整重心，即让中轴线不动，重心左右调整。

如果慢放这个过程，就可以看出，当对手推我身体左侧的时候，我通过身体转动把体重放在了右侧。当对手沿着右侧找我的重心时，我通过身体转动又把重心调整到了左侧。来回调整重心的目的是使对手的力量作用不到我的重心上。

让人从背后推我这个动作，我跟学生没有提前训练过，偶尔试了一下就成功了。我拍视频的时候也没练过推手，推手是后来几年练的。因此大家也完全可以通过套路或基本功的空练，训练出控制重心的能力。

怎样空练才能具备控制重心的能力呢？答案就是研究中轴线与体重在两腿间的变化。洪均生先生明确地把重心与中心的分配安排到缠丝的训练过程中，并训练出了很多优秀的弟子，战绩斐然。练习太极拳而不研究中轴线与重心的分配，身体直挺挺地练功，是不对的。

形意拳也一样。以形意拳的三体式为例，《逝去的武林》写道，长期站三七三体式，后腿很容易因受压迫而落下疾病，并且练不出功夫来。大部分人弄不明白双重的含义，认为体重三七分配就是单重了。

　　我们做个简单的受力分析。若我站三体式时将重心放在后腿，让朋友轻轻地推我的前手。朋友一推，其力就会直接作用到我笔直的后背上，使我的中轴线产生移动。中轴线向重心所在的后脚移动，产生重合，我会立刻站立不稳（图69）。这样的三体式是错的，站一辈子也出不了功夫。

图69

　　假如对手推我的时候，我中轴线拥住，重心在两腿之间变化，对手推我的力量碰不到我的重心，那么无论重心在两腿间的分配是五五还是三七，甚至是九一，都是单重的状态（图70）。重心与中心没有重合，才能与对手对抗。
　　若站姿错误，背部直挺挺的，整个人如同直角三角形一样（图71），对手

图70

图 71

推我的力量就很容易通过手臂到达我的背后，令我站立不稳。

回归到形意拳的三体式站桩。初学者先要保证基本动作正确，这个时候其实五五三体式最好，因为五五三体式不会让后腿太累。在三体式的训练过程中，中轴线尽量不要动，可暗暗调整重心，形成三七、一九等不同状态。训练出重心移动的能力，才能练出单重的功夫。

所以三体式看似静功，实际上也是一种动功。拳谱说："静中之动，谓之真动。"薛颠先生说："桩功慢慢以神意运之。"

普通人重心移动必然伴随中轴线的移动，但两者只要有同向移动的趋势，就容易双重。这就好比我们抽陀螺时都会尽量让陀螺自转以减少其中轴线前后方向的移动一样。因为一旦中轴线前后乱动，陀螺就很容易停下来。

孙禄堂先生的《形意拳学》中有无极式、太极式、两仪、三才式等姿势，陈鑫先生的《陈鑫陈氏太极拳图说》中也有无极、太极、两仪、三才等姿势，它们的具体内涵值得深思。

因年代久远，我们很难确定老前辈的无极、太极到底指什么。但是，如果根据前文的双重理论分析，无极很可能指的就是中心与重心重合的状态。人先天就具备稳定地站在大地上的能力，所以叫无极。

何为太极？书上经常说，心念一起就是太极，大概就是我们要练拳了，要分开中心与重心了。这个想法一出现，人体就出现重心、中心分离，也就是阴阳对立的状态，于是一念生故太极生。

随着身体的变化，中心与重心分离，形成互不干涉的状态（即所谓的单重），于是产生了两仪，也就是分开了阴阳。分开了阴阳，我们就能够利用天地的力量，形成三才。人如何利用天地的力量形成三才，在后文中，我们将详细讨论。

是以在我的推测中，中心与重心的重合即双重，而我对此推测的解释是符合前辈们无极、太极、两仪、三才的内家拳理论的。

人贵有敬畏之心，我的猜测不一定符合老前辈的原意。研究传统武术更像是考古，通过自身练拳心得去印证古人的理论。然而这个考古行为对个人的要求比较低，能做到实际对抗即可。武术的学术研究应该是逐步向前的，我提出猜想，希望大家去思索、判断对错。

单重、双重的概念屡屡被人误解，这种现象不仅仅发生在现代。很多年前，大成拳的创始人王芗斋先生就在他的拳论中说："今之拳家大都由片面之单重，走向绝对之双重，更由绝对之双重，而趋于僵死之途。"

"由片面之单重，走向绝对之双重"，即为了追求单重而片面地理解单重，把重心完全放在后腿，导致一受力中轴线便与重心立刻重合，所有的体重压死在后腿，一受力就站立不稳，成为绝对的双重姿势。

"由绝对之双重，而趋于僵死之途"，指由于错误地理解单重，反而练成绝对双重的姿势。自以为动作正确，但是压死了重心，在双重的道路上越走越远，越练越错，不能碰，一碰就站不稳，越来越没根，又僵又死。

现在经常有人问我：

"庞老师，站桩的时候，重心应该放在脚前掌还是脚后跟？"

"练套路的时候，重心应该在脚前掌还是脚后跟？"

问这些问题的原因都是他们想把重心固定在一个点上，不让重心灵活变化。他们对于重心的理解就是冲着双重的方向去的，所以姿势越来越僵死。

只有直挺挺地练功，重心才会垂直向下，落到脚的某一个固定部位。而真正的松沉圆活的练拳或者站桩，反而是要求中轴线固定，重心在训练过程中不停地变化。如同我站在波速球上被人推，或者我让人从背后推我的那两个视频，身形的稳定的原因就是重心来回变化。若把重心放在固定的一个点，对方一推，我就站不稳了。

死桩是错误的，其重心一定是固定在一个点上，关节可能会因此受伤。

活桩是正确的，其重心一定是变化的，关节不会长时间受力。

六、如何正确发力？

不对着人的空发力，叫发力吗？

为何你空发力很有劲，

搭上手就没用？

尚云祥先生说，从轻松和谐中找出迅猛、刚实的爆发劲。

不会移动重心，

单凭胳膊腿的力量是很难打动对方的，

搭上手更是没用。

在知道重心能移动的基础上，就可以聊"发力"这个概念了。很多朋友不仅不具备整力，还把发力这个概念理解错了，总是伸胳膊伸腿自我较劲。

（一）发力，不对着人叫发力吗？

我曾经看过一些视频，标题写着"形意拳套路，发力刚猛十足"，或者"太极拳高手发力，空松自然"，结果打开视频一看，都是一个人自己表演发力，而不是与人搭上手发力。

我们都练过拳，都知道自己空练的时候可能感觉很好，但跟人搭上手就是另外一回事儿了，不像自己空练的时候那么顺遂，甚至会发不出力来。

发力不是打空气，打空气打得再好，搭手也是没用的。在人身上有效果的发力，才是真正的发力。

大部分人理解的发力都是错误的。练大成拳的崔有成先生深谙其中之道，某次聚会上人们请他表演拳法，他说上来个人（对抗），不对着人，怎么表现拳法的变化内涵？

形意拳讲明劲、暗劲、化劲，很多人以为这些劲是自己空发力，砰砰砰地震脚推掌就是明劲了。然而《逝去的武林》一书中尚芝蓉先生说："开始打拳砰砰砰（自己发力），这不对，砰砰砰之后的东西妙着呢。"

　　形意拳是最注重发力的拳法，宗师尚云祥先生却说，要从轻松和谐中找出迅猛、刚实的爆发劲。轻松和谐是自己感觉到的，自己感觉自己没有发力；迅猛刚实是对手感觉到的，对手感觉你力大无穷！

　　我们现在正好相反了，自己打拳、震脚，感觉刚猛有力，跟人搭上手一点儿劲都发不出。这样自己跟自己较劲的发力，是明劲吗？明显不是！能破坏对方重心，搭手能把对手发出去的劲，才是明劲。

　　劲要看效果，而不是看单独演练。明劲不是大家以为的自我陶醉式的发力，搭上手能把对手发出去的劲，才是真的明劲。

　　如同前文讲过的开胯、开肩、松、立身中正等一样，发力正确不正确，实战才是检验标准。

　　有很多人并不是搭手发力，而是直接推对手的身体，把对方推出，这不算发力。因为哪怕是没练过武术的人，也能靠体重把对手推出。

　　真正的发力有两个前提，一是与人搭手，二是对手不配合。成功的发力是在二者兼备的前提下，能把对手发放出去。

　　其实真正的发力就是重心的流动。力不用发，动即是力。为何内家拳都要求站桩？因为只有通过站桩固定住中轴线，重心能够在两腿之间流动，当我们发力的时候，才能不需要努气、用力，稍微一抖动身体，重心就能从身体的一侧过渡到另一侧，对手就会感觉到我们力大无穷，而我们并没有感觉到自己发力。这才符合尚云祥前辈对发力的定义，才是内家拳追求整劲的真相。

（二）发力与直劲先行无用

　　发力路线上最常见的错误，是劲力方向只有前后，没有左右和上下，这样的劲很容易被对手改变方向。

　　例如常见的形意拳发力或太极拳发力，很多人攒了半天的劲，一拳打出，被对方轻轻一拍，就改变了方向。既打不到人，还容易被别人堵住伸不出手，这都是单一方向用力的弊端。

　　这种只在前后方向用力产生的劲，被我称为直劲，也就是单一方向用劲。造成这种用劲方式的原因是没有身法。我们设想一下，在上半身挺直的情况下，怎么发力，劲才能更大？

图 72

脊柱不能动，想发力只能靠屈伸手臂，让手臂发力。

这种靠手臂屈伸发力的方法产生的劲的方向非常单一。当我们手腕向前、手肘向前、肩膀也向前的时候，整个手臂如同木棒一样不分阴阳（图 72），很容易被对手从上下、左右方向施力改变打击方向（图 73）。

直劲在前后方向上力量很大，但是被对手简单地用一只手左右、上下一拨，打击方向就改变了。内家拳用的是巧劲，练的恰恰

图 73

应该是如何避免直线发力，如何用左右、上下劲改变对手的发力方向。若一发力就是前后力，自己成了千斤，被对手用四两劲拨开，就大错特错了。

仅屈伸手臂，只是前后的力量，但如果加上震脚，将震脚一瞬间体重快速下坠的力和屈伸手臂的力量合在一起，是不是就显得特别有力了呢？这种发力方式在目前的形意拳练习过程中比较常见。

然而，搭手过程中，要震脚必须先抬脚，若此时对手前冲给力，很容易让我们的三角形不稳，丢掉重心（图74）。

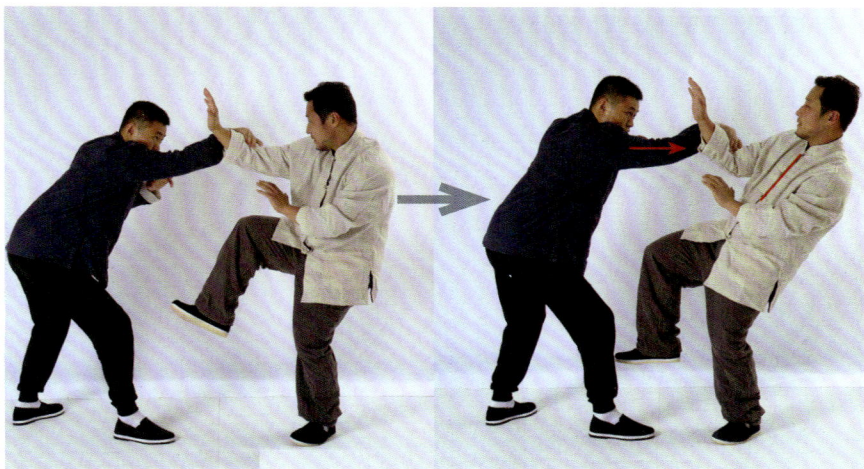

图74

在《郑子太极十三篇》中，郑曼青前辈回忆道，杨澄甫先生教授其推手时讲"推手需找到一条直线方可发"，这句话实际是本章要讲的内容之一。把对手的直向力量向中轴线两侧引开后，对手就会门户大开，我们就可以长驱直入冲过去撞击其重心，形成这样的状态，才可以发劲。

如何才能让对手被动，形成我顺人背之势？自然是最后才发直劲，先用左右、上下的力量改变对手直劲的方向，等他无力可施了再用直劲。

因此，为了避免直向发力，内家拳的套路设计大都摒弃了快速的步伐移动，用看上去慢吞吞的两脚站在原地的练法，训练身体左右旋转、上下折叠，重点练习的是身体的圆转之力，也就是圆柱体的化力、发力。这些套路要求我们不能两脚乱动，只能左右、上下变化，掌握主动，而发直力恰巧是与对方顶抗，等于说是把我们放在了最被动的情况下。

好多朋友认为内家拳练弧线打击不合理，在时间上比直力慢了。这是以想当然的思维分析拳法。但凡考虑到三维空间以及对抗中的阻力，就会知道，两点之间并非走直线最快。

举个大家都知道的例子。根据地图，中国飞向美国的航线，直接横跨太平洋最近，因为两点之间直线最短。然而事实上，中国飞向美国的航线是沿着白令海峡绕一圈，为什么不直接朝着美国飞呢？

原因之一就是地球是圆的，看上去是直线的飞行路线，实际是弧形的。绕着白令海峡飞行在地图上看远，然而并不比所谓的走直线多绕弯路。

我们生活在一个立体空间里，如果我们直线进攻对手，对手自然会对我们进行上下、左右的拍击。我们的直线发力通常会被改变，达不到直线施力的目的。考虑到重力以及对手的阻挡，直线并不是最佳的路线。

考虑到对手向下的力量的阻隔，我方的发力必须是向前并且微斜向上，才可以与对手的力量成为合力，保证命中对手的打击方向是向前的（图75）。

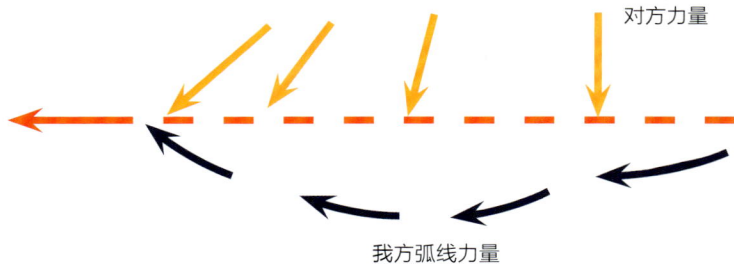

图 75

如果对手的力量是向左偏移的，我们的力量必须沿着弧线向右才能与其力量合起来，产生向前击打的力量。（可扫描前勒口的二维码观看相关视频讲解）

内家拳的动作在设计之初就考虑到了对手的阻挡。我们在弧线发力的时候，都得迎着对方来力的方向，施加一个反方向的力，使两股力在接触后能够合二为一，合力依然维持向前击打的角度。

形意拳将这种不会被人改变打击方向的能力叫作"守中用中";八极拳把它叫作"十字力";大成拳把它叫作"持环得中";太极拳把它叫作"得势挣来脉,奥妙在转关","来脉"就是对手来力的方向,"转关"就是我们迎着对方来力改变对手力的方向的瞬间。

这种在与对手接触前就具备的力量,形意拳中称"先天力",或者"横竖力"。即横用于左右方向的力量不会被人改变,竖用于上下方向的力量也不会被人改变。

如果形意拳不具备这个先天的横竖力,打出去的拳就会被对手轻易地改变方向,以致打不到对方,而且达不到催根的内家拳要求。

大家还记得黄宗羲前辈是怎么定义内家拳的吗?"所谓'内家'者,以静制动,犯者应手即仆。"直劲无法撼动对方的重心,不可能达到犯者立仆的效果,所以发直线力的拳法不是内家拳。

如果我们练的是真正的内家拳,不仅对手改变不了我们的方向,而且在他尝试改变我们方向的时候还会被拔根而站不稳,前提是我们得具备横竖力。我会在后文中具体讲解这个概念。

七、太极拳与圆劲无用

圆周运动遇到阻力就会被卡住。

形意拳的直劲先行无用，

太极拳的纯圆力量一样无用。

所以太极拳练的不是圆劲，

而是 S 形的劲路。

　　形意拳中比较常见的错误是发直劲，太极拳中比较常见的错误是练圆劲。圆劲在实际对抗中，跟形意拳中的直劲一样无用。

　　以陈式太极拳的缠丝动作为例，以手腕为中圆点圆形转动，其轨迹通常如图 76 所示。

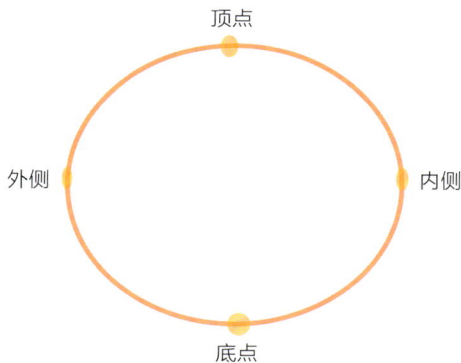

图 76

　　假如让朋友在缠丝过程中，在圆形的顶点、底点、内外两侧，用两根手指阻挡你的运动，例如在向内收四分之一圆的时候，用手钩住你的手臂，你试试还能不能将缠丝收回来？或者在向外旋转出去四分之一圆的时候顶住你，你试试还能不能将手伸出去？

如果您无法继续旋转下去，那就是您练的缠丝动作出问题了。圆劲遇到对手阻挡的时候，跟直劲一样，容易被对方的力量顶住（图77）。

图77

为什么会这样呢？

第一，圆周运动遇到任何阻力都会立刻被迫停止转动，无法继续。单纯的腰转或者手转，只做简单的圆周运动，遇到阻力就会立刻被卡住。

只有如前文所述，用两个以上的圆转动的方式（如齿轮绞杀模型），才可以化解、破坏对手的力量。因此，洪均生先生把太极拳的缠丝分成了基础的两部分：公转与自转。公转指的是腰的转动，自转指的是手臂的转动。

为何有的人明明注意腰与手臂的转动了，却还出不了功夫呢？问题在于腰与小臂的配合，也就是公转与自转的配合。手臂必须在腰转动的同时转动，早一分晚一分都不对。如同齿轮咬合结构一样，如果两个齿轮不咬合，肯定起不到克敌制胜的作用。齿轮传动时，只有大小齿轮一起转才能提供动力。如果两个齿轮没有精密咬合，也就是大齿轮转时小齿轮不转或小齿轮转时大齿轮不转，肯定没法儿传动。很多朋友腰（大齿轮）转的多，手臂（小齿轮）转的少，于是腰劲过渡不到手臂。（视频中有详细讲解）

腰没有转动，自己容易意识到。但是手臂没有转动，很多朋友意识不到。很多练习缠丝的朋友都是抬着胳膊肘练功。

大家思考一下，手臂怎样才能自转？在手腕固定、手肘固定的前提下，手臂的左右转动才叫自转。但是大部分人抬着胳膊肘练拳，手腕定点了，但是手肘一直架空，没有定点，所以手臂没法儿自然转动。

大家抬着肘缠丝的时候，肘关节根本起不到定点的作用，一直在 y 轴也就是上下方向上运动。虽然大家自己感觉手臂转动了，但实际上由于两端没有定点，这个转动是无效的，手臂的实际转动很小。

这也是洪均生先生所传陈式太极拳的特点。

第二，大部分人在练习缠丝的过程中，中轴线左右移动，出现了双重问题。图 78 是常见的中轴线移动错误的示范，该图所示的中轴线从初始位置做

图78

前后移动。在这种情况下，一旦对方推我，他的力量立刻会压到我后脚，导致我站立不稳（图 79 ）。

图 79

在搭手过程中，如果我们中轴线向前移动，对方一定会阻止我们，而我们与对方的力量顶抗的反作用力会作用到我们的重心，让我们站立不稳。

为何洪均生先生教授出来的高手比较多？他的教学系统是先通过基本功固定中轴线，然后进行缠丝的训练。而且在缠丝过程中细节要求非常具体，包括手与腰的配合、中轴线与重心的变化、转动的角度等。

陈式太极拳的缠丝比较注重手臂竖向的圆转。而杨式太极拳非常重视腰部的平转，也就是在水平方向上进行圆转画圈。如杨式太极拳的野马分鬃，就是让手臂在腰的带动下进行圆周运动（图 80 ）。

如果我们从上往下看，就会发现这是以头顶为圆心、以胳膊为半径的一个圆周运动。如上文所述，圆周运动最大的问题就是，别人在圆圈的任一点阻挡一下，我们的运动就会被卡住、顶住，无法继续。这不符合松沉圆活的要求。

从这个方向去考虑，任何迷信单一圆周运动、不考虑多个圆形复合修炼的拳法，都很难形成正确的劲路。

也就是说，练这种拳法，花的时间越多越容易形成错误的行为习

图 80

惯。真正到了推手或者对抗的时候，对方一抵抗我们立刻顶牛，永远找不到正确的内家拳的劲。

大家应该听说过太极拳有"乱环诀"这个说法，乱环，自然不是一个圆形，而是多个圆形的复合。陈式太极拳的缠丝也是从腿到腰，再过渡到手臂，环环相扣。

假如大家身上有了多个圆形，手臂画圆，身体也画圆，至少构成两个圆形的复合，那么两圆相交会形成 S 形曲线，如太极图中阴阳相交处的 S 形曲线（图 81），这是内家拳修炼的核心内容。

图 81

假如手臂是一个圆柱体，身体是一个圆柱体，两个圆柱体同时转动、挤压交叉，会自然形成一个 S 形曲线（图 82）。

可以说，单一的圆是无用的，只有身体上具备了 2 个及以上的圆的复合运动，才能产生前文我们所讲的齿轮绞杀模型，也就是具备了 S 形弯曲的力量。

真正的缠丝功法是非常缜密的，腿上有螺旋，腰上有螺旋，手臂有螺旋，头上有螺旋，多个螺旋的复合会在周身各个部位形成多个 S 形的力线。这才是真正陈式太极拳的核心。很多朋友会说，我们练习吴式太极拳、孙式太极拳，不讲缠丝。关于其他流派太极拳有没有缠丝的问题，有一个洪均生先生的视频讲解。他说至少他生活的那个年代，他接触的吴式太极拳是有缠丝或者螺旋的。洪均生先生出生于新中国成立前，见过很多大师，我觉得他的见识要比我们广多了，他所讲的东西是可信的。

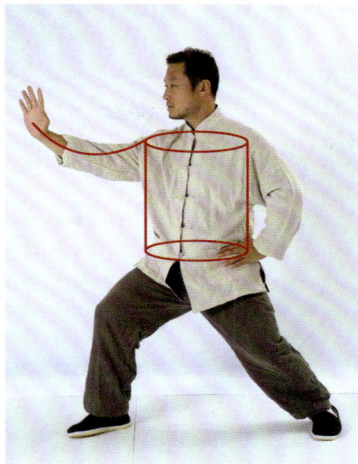

图 82

陈式太极拳单独把 S 形曲线抽了出来，并称之为缠丝劲。这个概念比较抽象，难以理解，是为了保证功法的私密性，少部分练出来的人能懂，大部分人不明白其中的奥秘。

形意拳的拧裹钻翻、八卦掌的拱拧如掏绳，也一样是讲周身的 S 形螺旋力线。因此，练拳时仅仅练手上拧转是不够的，真正核心的是身法、腿法上的螺旋。周身所有部位都有螺旋了，才是真正的拧裹钻翻。

S 形曲线应用十分广泛。以手枪中 S 形膛线为例，子弹的动能完全由底火控制，如果我们抠开子弹倒出火药，用火柴点燃，仅仅会发出"噗"的一声，没多大力量，但是因为枪的 S 线结构非常稳固，火药爆炸的力量加上 S 形膛线的加速，会令子弹产生有力的旋转，可以穿透物体和杀伤对手。

这就跟我们练拳差不多。站桩的目的是让我们形成稳定的结构，如同枪的枪膛；蹬地的力量通过大腿圆柱体、腰部圆柱体、手臂圆柱体的转动逐渐增大；S 形的走向增加自身的打击力以及穿透力。因此，练功理论是一环扣一环的，站桩、定步训练、动功训练，任何一个步骤上的失误，都会让大家偏离功夫轨道。

我曾经天真地认为，练功不需要懂那么多理论知识，凭着一腔热血练就行了，十几年之后才幡然醒悟，傻练并不能产生功力。理论不清晰的时候，任何一个不对的地方，都会让我们走向歧路。

学功夫还是需要先明理，没有清晰的理论基础，功夫很难有长进。

八、人体的立圆与平圆

如何真正地练出 S 形曲线?

人体由很多圆柱体构成,

有横的,有竖的。

相邻圆柱体的摩擦,

构成了 S 形曲线。

　　如何真正地练出内家拳中的 S 形曲线? 关键就是练出身体的平圆、立圆。

　　什么是平圆? 我们在前文讲过,通过躯干圆柱体左右的转动,可以很容易让对手的力量偏移,然后利用优势角度撞击、发放对手。在这个过程中,躯干圆柱体左右转动,也就是腰胯沿着水平方向左右转动所形成的圆就是平圆。

　　什么是立圆? 以形意拳的钻拳为例,钻拳的线路就是一个上下方向上逆时针的圆形 (图 83),一旦接触到对手的直向力量,很容易把对手撬动起来,造成对方拔根。

图83

　　劈拳的线路是一个上下方向上的圆形（图84），它可以在与对手接触的时候，改变对手力量的方向，并将之引进圆形，然后我们就可以用身体撞击对手。

图84

　　无论是逆时针还是顺时针，这种上下方向运动的圆都可称立圆，都可以很好地改变对手的直向力量。先用平圆化解对手的一部分力量，再用立圆化解一部分力量，之后的局势通常就会对我们有利了。

　　人体如何形成平圆和立圆？

　　形成平圆比较容易理解。人体是由多个能够左右平转的圆柱体构成的。

如图 85 所示，腰可以左右转动，头、小臂、大臂、小腿、大腿也可以左右转动。以腰部圆柱体和手臂圆柱体为例，在这两个圆柱体转动的过程中，摩擦的圆柱体可构成 S 形曲线（图 86）。

图 85

太极拳缠丝的核心就是用 S 形的弯曲曲线，去改变对手劲路的方向，捌断对手关节，或者将采对手劲路。

立圆这个概念就比较难以理解了。实际上，人体的很多部位不仅可以左右转动，一定程度上也可以上下转动。

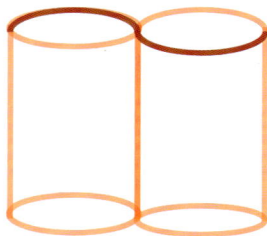

图 86

例如，我们单纯看胯骨的话，胯骨可以上翻，也可以向下翻。比如日常生活中有的人骨盆前倾，就是骨盆向前向下翻了。为什么站桩能够改善骨盆前倾？因为形意拳中的兜尾闾可以使我们的骨盆后翻，与骨盆前倾的方向相反（图 87）。因此，我们可以将骨盆想象成一个圆柱体，它可以在上下方向上翻动，构成立圆。

胸腔也可以看作一个圆柱体，一旦做到空胸，整个胸腔就可以脱离肩窝的空隙，上下运动。我们的大腿骨也是一个圆柱体，它可以适度旋转，当我们下蹲的时候，圆心是膝盖，半径是大腿骨。

我们身上至少有以上三个部位可以构成立圆转动。受关节活动角度限制，立圆转动不可能形成完美的圆形，但是，这在对抗运动中已经足够了。几个立圆的旋转，可以产生多个圆柱体的滚动挤压，形成独特的角度以击败对手。

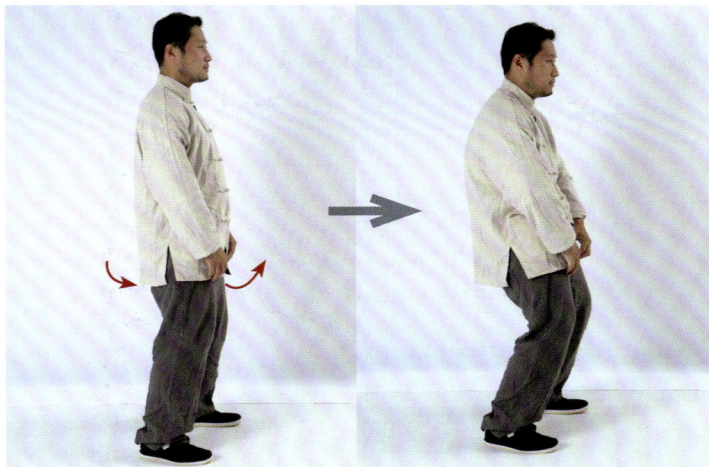

图 87

　　大家用平圆跟立圆的思维去思考内家拳，就能体会到为什么说内家拳是球形劲了。地球仪上有经线、纬线，纵横交错地构成球形。人练拳时也有立圆、平圆，纵横交错构成球形劲。人若真的把平圆、立圆练好，就会像魔方一样，可以横转、竖转，改变对手的劲路，靠近并碾压、伤害对手。

　　如果在练拳过程中只注意手臂的运动，身体就得不到平圆、立圆的训练。而练拳的关键就是把身体上的圆柱体激活。练拳时无论缺了哪一个方向的训练，在对抗的过程中都不容易做到得心应手。

　　因此，太极拳要求的胸腰折叠，形意拳、八卦掌要求的含胸拔背、松腰落胯、气沉丹田、虚领顶劲，都是围绕着平圆和立圆的建立打造的。

　　王芗斋先生经常说"持环得中"，意思是人都有立环与平环，我们可以通过左右的转动改变对手来力的方向，也可以通过上下的转动化解对方的力量，以维持自身的中正。而将来力化解开了之后，向前迈一步就能把对手撞击出去。实际上我们的理论与前辈的观点是一样的，我们并没有创新，只不过是通过现代语言为大家讲解其中的含义。

　　可以想象，我们的整个身体，处处都存在 S 形曲线。人体实际上是一个非常精密的仪器，这个精密的仪器在武术中，特别是内家拳中得到了充分的开发。

九、人体的 x、y、z 三轴

到了本书的理论核心了。

什么是真正的支撑八面、劲力周全？

通过几何学的 x、y、z 三轴，

很容易找到拳法中我们缺失的内容。

　　按照我们上一节的理论，人在左右方向进行的平圆转动，可以用几何学中的 x 轴表示；在上下方向进行的立圆转动，例如折叠胸腔等，可以用 y 轴表示。前文所讲的形意拳的直劲，只具备一个向前延伸的力量，也就是前后方向的力量，可以用 z 轴表示。见图 88。

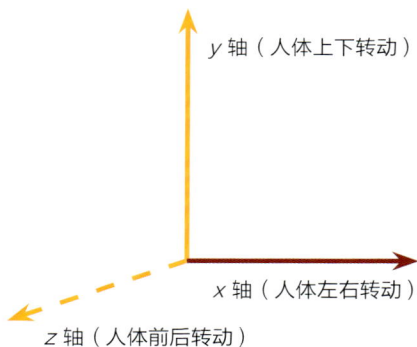

y 轴（人体上下转动）

x 轴（人体左右转动）

z 轴（人体前后转动）

图 88

　　在练拳过程中，锻炼左右、上下、前后，也就是 x、y、z 三轴的运动，才叫真正的练拳，才是在正确地找劲。

　　前文讲的错误案例的实质就是，一掌劈出或者一拳打出之后，被人轻易沿着 x 轴（左右），或者沿着 y 轴（上下）施力改变了方向，暴露的是缺少 x 轴（左右）和 y 轴（上下）的力量的问题。大家简单地用两根手指检测，就能发现其中的问题。

前文说太极拳的单一圆劲无用，就是因为它只有 x 轴的运动，缺少其他两个方向上的运动。

练太极拳时两脚固定，旋转身体，在很大程度上锻炼的是左右，也就是 x 轴的力量，同时它也在锻炼 y 轴，也就是上下方向的力量。但是由于转动的角度不够或者过大，导致我们 x 轴的左右转动不到位，很难化解掉对方的力量。

大部分人不注重胸腰的折叠，不注重立圆，所以 y 轴的力量始终没有练到，压根儿就没有上下劲。同时由于步伐运动不灵活，缺少前后劲，即缺少 z 轴的力量。无论是缺少哪个轴的力量，都无法让我们形成支撑八面、劲力周全的状态。

形意拳的劲力周全是什么？就是当我们伸出手，既可以扛得住对方左右的横拨（x 轴），又能扛得住对方上下的压迫（y 轴），还能扛得住对方前后的阻力（z 轴）。

所以我们在这一章重点提出内家拳坐标轴的概念。大家回想一下自己练功时的动作做出来之后是否具备三个方向的力量。如果一手出去，总是缺乏另外两个方向的力量，那这种练功方式大概率是不对的，这也是我们设计两根手指实验的目的。

具备了左右、上下、前后三个方向的力量才叫找到劲了。这本应该是最基础的东西，但是现代大部分人做不到。

十、由坐标系引申出的发力的三个过程

> 很多人喜欢发力,
> 但对发力有认知误区,
> 以为发力是最后抖动的那一下,
> 其实它包含了 3 个阶段,
> 任意一个阶段被打断都无法形成正确的发力。

建立了坐标系的认知,我们再来分析内家拳的发力过程。内家拳发力至少分为 3 个阶段。

(1)发力的起始阶段。这个阶段如果无法克服对手的阻力而被堵住,压根儿发不出力。

(2)发力的过程。这个阶段不能让对手改变我们的打击方向。

(3)发力的末尾。这个阶段需要打击对手,对手肯定会全力抵抗,不让你发出力来。如果破坏不了对手的抵抗,不能把整个体重抛放出去,发力效果就会大打折扣。

很多朋友练习发力时只注重第三个阶段,也就是我怎么用 z 轴的前后劲打击对手,却忽略了如果前两个阶段的发力被迫中断或者改变方向,我们根本没有机会进行到第三阶段。

以形意拳的劈拳为例,它大概分成以下 3 个动作(图 89)。

(1)右手从丹田提到胸口。

(2)右手从胸口向前打出,约与下颌平齐。

(3)左手从丹田经胸口向前打出,约与下颌平齐。

在这 3 个动作中,力量分别在上下、左右、前后方向上运行,构成了劈拳的练功方法。如图 89 所示。

衡量拳能不能用,需要考虑遇到来自对手的阻力。

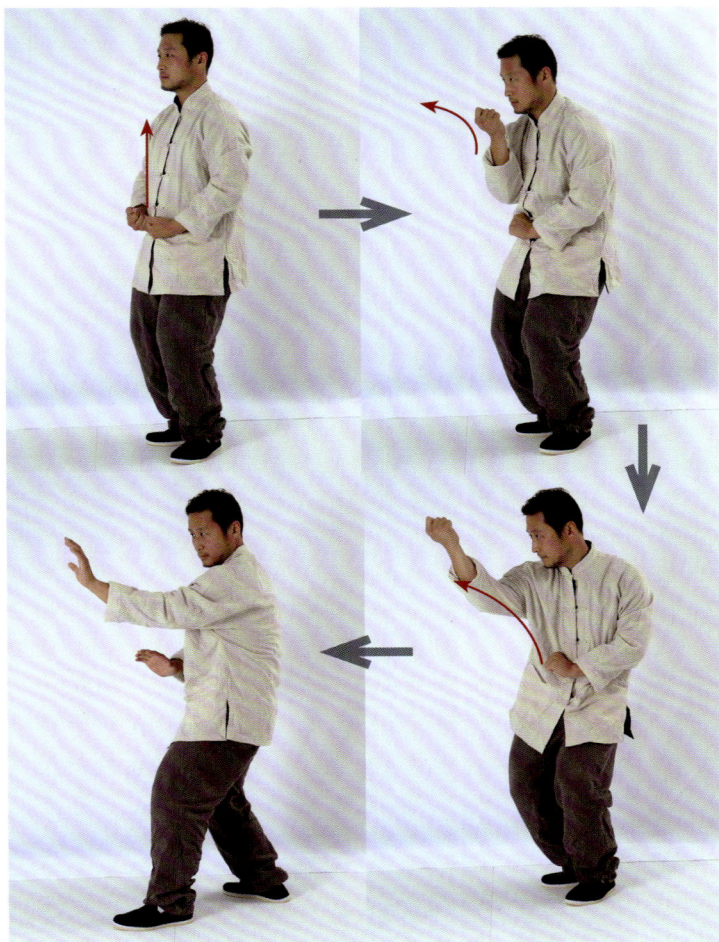

图 89

1. 发力的起始阶段

让人摁住你的手，阻止你将手从丹田提到下颌，你会发现手根本提不上来。因为把手臂从丹田提上来走的是上下的直劲，没有身体的参与。发力在起始阶段就被打断，自然不可能发出力，就如同射箭，在拉弓的起始阶段就被别人摁住手，拉不开弓，自然无法放箭。

在劈拳的第二个动作中，手从胸口往前劈出的时候，如果对手施力阻挡，我们很可能克服不了对手的阻力，手劈不出去。因为这时候出拳走的是纯粹的直劲，若对手抵抗的力量完全顶住我们，我们不仅动作做不出来，还会被对手推倒（图90）。

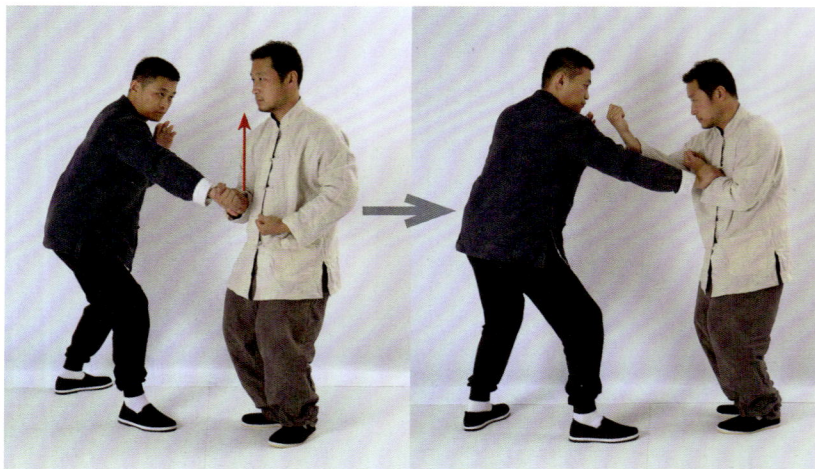

图90

2. 发力的过程

大部分练习内家拳的朋友没有横竖力，一拳打出，被对手轻松一拍，方向就改变了。例如劈拳中的第二个动作，后手从胸口向前打出时，对手轻轻横拨就能改变我们出拳的方向（图91）。

图91

所以在形意拳的套路练习中，如果我们只用直劲的话，可以说是漏洞百出。既克服不了阻力，也容易被对手改变发力的方向。直劲会让整个手臂如棍子一样，很容易因对手左右、上下的拍击而改变方向。这绝对不符合形意拳劲力周全、拧裹钻翻的要求。

这样来看，前面所做的劈拳的3个动作都是错的，合起来肯定对不了。正确的练习方法，是从动作一开始就考虑到来自对手的阻力，每个动作都用身体和手臂的旋转化开对方的力量。假如对方阻挡我们的动作，他就会被拔根发出。这才是身法与手法配合，才是劈拳的正确练法。

太极拳也是一样，以陈式太极拳的掩手肱锤为例。这个招式大概可以分成 2 个动作：手从腰间上提至胸口，拳头从胸口冲出。

在这个过程中，如果我们只走直劲，对手用两根手指不让我们向上抬手，我们的手很可能是抬不上去的，若对手顶住我们发力的第二个动作，我们也是打不出去拳的，或者会站立不稳。

就形意拳的劈拳或者太极拳的掩手肱锤这两个招式而言，大部分人练的是错的，所以受力之后无法克服阻力，更不可能在真实对抗中应对对手灵活的阻挡。

想要发前后的力量，必须要有左右、上下的力量做辅助。待左右、上下的力量改变了对手的力量方向后，再发前后力量，才不会跟对手顶抗。当我们形成了劲力周全的习惯，一出手就是螺旋的劲力，理论上，对手如果格挡，应该会被拔根，但这一点，搭手时才能体会，文字很难描述出来。

因此，如果大家想发力，必须得先有力。

要先建立横力跟竖力，让劲力周全，然后再进一步谈明劲、暗劲、化劲。还要练习螺旋劲，把横竖力量都集中起来。

现在大家能明白为何形意拳讲劲力叫拧裹钻翻，太极拳讲劲力叫缠丝劲吧？它们都是把 3 个方向的力量拧在了一起。

但是前提是我们得先有 3 个方向的劲力，因此，大成拳提出了"试力"的概念帮人们找到劲力，这是王芗斋先生在他的武学基础上做出的努力。

三大内家拳针对 3 个方向的力量都有清晰明了的练法，但当找到自身的劲力之后，想提高应用的功夫，就得考虑对手的反应了。

八卦如推磨，太极如摸鱼，形意如抓虾。大成拳特别强调练拳要体会阻力。什么叫体会阻力？很多老师会跟大家说，练太极拳的时候要想象自己正在水中摸鱼，体会水的阻力；练形意拳要体会在水中抓虾，要克服水的阻力；练习八卦掌要想象自己在推磨，因为磨会给你一种沉重的阻力感，甚至要走蹚泥步，克服泥地的阻力……这些说法都非常笼统。

具体而言，如果按照我们发力的 3 个过程来分析，就是做到以下几点。

（1）在动作起始阶段，要考虑到来自对手的阻力，力要能够出得来。

（2）在发力过程中，当对手想要改变我们的打击方向的时候，要能保持得住，不被对手改变。要能够把对手的力分开，依然打向原定目标。

（3）最后发力的时候，即使对手全力抵挡，我们也可以用整个体重把对手撞飞。

这样，每个目标都不是虚拟的，而是切实存在并可以做到的。

实际上，在以上 3 个过程中，无论是哪一个过程，对手阻挡我们的力量总会在某个方向上有所侧重。或者偏向前后，或者偏向左右，或者偏向上下。以对手的力量偏向前后为例，我们需要用左右、上下的力量改变对手的力量方向，让它不指向我们的中轴线，这样一来，我们就能很轻易地做到打击对手。因此，所谓的体会阻力，实际就是按照 x、y、z 三轴的方向，假设我们自己的动作被对手阻挡。通常对手阻挡的方向与我们想要出手的方向相反。能在空练动作时体会阻力，就能在实际应用中克服阻力，可以说就已经具备功力了。

王芗斋先生说"炸力无断续"，x、y、z 三个轴上的力量都具备，对方格挡的瞬间其力量就被分解，碰上了就被打出去，这叫炸力。

炸力和惊力还是不太一样的。炸力讲的是力量像爆炸一样，向四面八方膨胀，别人阻挡不住。惊力通常是指引进对手的力量，令对手失重的同时受到击打，对手通常惊慌失措、如临深渊，其感觉的来源是力量被引化。惊力产生的伤害是非常大的。

关于惊力的讲解，大家可以扫描前勒口的二维码观看相关讲解视频。

十一、关于练功的层次与学习的方式

如何从初级一步步过渡到高级？

从我的亲身经历，

以及现在的摸索来看，

这个过程大概分为 9 步。

我认为内家拳劲路学习一般分为以下几个阶段。

（1）初学者，只有前后直劲，即所谓的笨劲或者本力；跟人搭手就顶，即使赢了对方，对方也不服气。

（2）有了左右的力量，可以化解对手一定的劲力；能够跟人对抗，在当地业余武术练习者中具有一定影响力。

（3）具备上下、左右、前后的力量，是当地武林中的佼佼者，受到很多人追捧。一般人口中的高手就是这样的人。到了这个阶段，内家拳就已入门了，再努力就可以涨功夫了。

参照书法的学习阶段，以上几个阶段，不过是做到了横平竖直。因为 3个方向的力量始终还是工工整整的。想要提高还得往奇正相合上靠拢，也就是下面的阶段。

（4）抻筋拔骨，关节拧裹。能不能通过关节的固定及锁死、手腕肘膝在空间定位形成拧转强健筋骨，是高手与庸手最大的区别。过了这一关，就有追赶前辈功力的可能性了。抻筋拔骨是"知己"的功夫，想要在应用上得心应手，就需要"知彼"的功夫了。

（5）身手分家。《太极拳论》云，主宰于腰，形于手指。练拳到了最后一定是身体的运动远远快于手，这样才能做到跟人对抗之时，在搭手的一瞬间，接触点不变，但是身体已经变化，形成我顺人背的状态。因我们手动得慢，对手感觉不到变化，还以为自己得机得势而加大攻击力度，就会正中我们下怀。

（6）螺旋拧转。通过之前的抻筋拔骨与身手分家，把筋肉严格地拧转到一条线上。搭手就是螺旋力，劲像枪一样扎着对手就进去了，对手始终处在劣势。

　　我现在在强化第5、6阶段，通过形意拳的锻炼，理解了太极拳的内容，并通过八卦掌的训练，完成了斜45°劲力的锻炼。我自知功夫尚浅，一直在学习中。看到本书的老师，如果水平比我高、愿意教导我，也欢迎跟我联系。

　　（7）周身放大。掌握了抻筋拔骨，自然面临着肩胯活动范围扩大的问题。从一定程度上来讲，肩胯活动范围扩大是指肩胯关节之间的空隙变大。大家可以看看刘奇兰之子刘殿琛先生的著作《形意拳术抉微》，书中刘先生的肩胯伸展度远远大于其他前辈。民国时期那么多老前辈出书，我觉得最体现自身功夫的应该就是刘先生了。大家只有水平够了，才能从前辈的拳照、拳谱中发现更多奥妙，这个过程急不得。

　　我也在朝这个阶段努力。周身放大主要靠正确地站桩，以及用正确的方法练习动功。

　　（8）气沉丹田，力从地起。

　　（9）阴阳相济，触点即发。

　　目前我根据自己见过的老师、经历过的阶段，大概能看到这么远，可能再过几十年，感受到的东西就又不一样了。

　　人都是活到老学到老。武者本应一生都在学习中，是以在本书开头，我自称为小学老师。可能随着功力进步，自己的水平能够提高到相当于初中或者高中老师。

　　按照本书所讲的原理，我们的教学流程很容易帮大家提高到第5阶段的水平。这里的"提高"，不是你的自我感觉，而是能够在真正的对抗过程中体现出来。

十二、网课到底好不好？

武术教学的核心是，

学生学到正确的练功方法，

老师看着学生的动作，

及时纠正其错误。

网课除了解决不了必须手把手才能解决的问题，

大部分教学目的是可以达到的。

我们有网络课程以及实地培训两种教学模式，但有一部分同行很反感网课的教学模式。也有一部分学员好奇到底能不能通过网络学功夫。

武术肯定是手把手教才能学得更好，但是网课学习可以节省大家的时间跟金钱。我给大家算个账。

1. 实地教学肯定效果最好，但是花费高

我在山东泰安。如果从浙江某地坐高铁来泰安，来回车票近 1000 元，住宿 3~5 天近 1000 元，实地教学学费 3000 元。一趟 3~5 天的短期学习，至少需要 5000 元的金钱成本，3~5 天的时间成本。

如果没有基础，来了之后需要先学习与网课内容一样的东西——站桩。而网课只需要 300 元。

学习基础的站桩，一个课程大概能练 3 个月。

是花 300 元自己练 3 个月，提前打好基础，再花 5000 元实地提高好，还是花 5000 元学与 300 元的网课几乎一样的东西，回去巩固，再花 5000 元来实地提高好呢？

2. 实地教学耗费的时间更多

虽然现代交通便利，出远门已经不是问题。但离开工作岗位会带来各种不便。

很多朋友事业发展得很好，不缺钱，但是时间紧张。网课可以为大家节省时间，何乐而不为呢？

3. 网课不是自学，老师会进行指导

大家现在太注重学的过程，而不注重改的过程。通过网课，老师能突破距离限制帮大家纠正动作。随着本书的讲解，大家会发现内家拳的原理实际上非常清晰，一张展示动作的照片在懂得的人眼中，能暴露出大量的问题。所以在网课上，老师可以根据照片帮助学员改正动作。比起过去把老师请到家中住着指导，学员花费的时间、精力真是少多了。

当然网课也有其不足，例如很多上了年纪的朋友不会用，这种情况只能通过老师全国游走教学的方式解决。我本人喜欢到处跑，目前去过山西祁县，浙江宁波，广东广州、深圳，湖南长沙等地。每到一处，我都会组织实地教学，方便学员就近学习。今后我会继续采取这种方式，以解决很多朋友不会上网课的问题。

第四章

形 意 拳

部 分 原 理 及 解 析

　　我们的形意拳初、中级训练流程见图92。初级的教学大概是按照浑圆桩与结构、钻拳1、钻拳2与变轴、三体式、三盘落地、虎形、发力与理论、单手崩拳蹚步这样的一个流程训练。

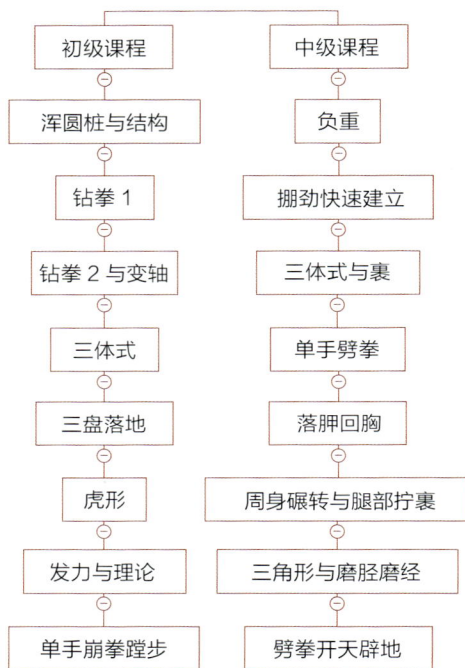

图92

图93

　　为什么先要练习浑圆桩（图93）？前文讲过，练习浑圆桩是为了建立身体上的三角形结构。但是仅仅静止状态下的练习是不够的，拳法毕竟是用于实战的东西，要动起来依然有掤劲，只能靠动功训练。

　　既然第一个训练是静止的，那么下一个训练安排运动的平步钻拳（图94）会比较好。这样既可以让已经具备的静态结构运转起来，又可以动静结合，使枯燥的训练变得有趣。

建立了钻拳的结构后，就该练习三体式（图95）了。定步钻拳不过是个过渡流程，最终形意拳的所有动作都应该在三体式的状态下进行。三体式会了，平步钻拳自然就会变成三体式状态下的钻拳。

图94

浑圆桩、钻拳、三体式这三个内容主要训练我们左右转腰的力量。但人不是只能左右转腰发力，上下弯曲脊柱也能发出力来。在形意拳中，上下弯曲脊柱发力主要是靠劈拳练习的，然而劈拳对桩功的要求非常高，没有两三年的三体式功夫，很难掌握单手劈拳。

图95

因此，在持续深入练习三体式的过程中，要先学会虎形（图96）。虎形的发力与劈拳大致相同，两手击打很容易把对手发放出去。因此，先训练虎形活脊柱、学身法，随着三体式的进步，自然而然就能掌握劈拳。

这种训练方式有助于朋友们检验自己的动作对不对，如果能把人发出去，动作就对了。

图96

通过这样的训练，左右劲、上下劲大概都找全了，然后再练习形意拳特有的蹚步，把上下、左右劲集中在前后步伐上，3个方向的力量自然就都练出来了。蹚步是经过诸多前辈检验的强大的形意拳专项素质训练。按照课程的具体安排一点点学习，大家一定能感觉到进步。

一、什么是三体式？三体式为何能沟通天、地、人三才？

三体式为啥叫三体式？

它为何能够沟通天、地、人三才？

沟通天、地、人有什么作用？

这些问题不搞清楚，

三体式就掌握不好。

很多朋友好奇，为什么形意拳三体式站桩叫"三才桩"，号称能沟通天、地、人三才。古拳谱称三才式乃"取天地之中合之道"而成，这个概念比较难理解，然而真的有功力之后，你自然就能明白。

人是沟通天与地的通道。人如何沟通天地？

心意拳中有一句话特别好："恨天无把，恨地无环。"如果天有把手，我们就可以拽着这个把手把天拽下来。地要是有环，我们就能提着这个环把地抬起来。这是形容人体的整劲很大。

用现代话说就是，人从高处往下落的时候，会有一个向下砸的力量，这个力量非常大，可以把对手砸倒在地。人从地面往上跳的时候，会有一个向上的冲击力，这个冲击力可以很轻易地把人背起来离开大地，也可以把人打出。

只要练好了三体式，就能够熟练地应用自身的体重下坠、蹬地上冲这两股劲，就可以借助从天而降的力量及蹬地而起的力量打击对手。很多拳都有降龙、伏虎二法，降龙是利用天的力量，伏虎是利用地的力量，与三才的说法本质上并无区别。

所以在古谱中，三体式又被称为"三才桩"，通过桩法掌握天、地、人的关系。只要具备了功力，站好了三体式，就能够灵活地借用天地的力量。

三体式这个桩法里本身就有向上、向下的矛盾的力量，把人体的状态分开阴阳。但大部分朋友基础站姿都不对，上来就校二十四法，所以出不来功夫。

　　错误的站桩姿势会形成一个不分阴阳的囫囵个儿，经不住左右、上下、前后的力，此时追求二十四法是没有意义的。地基有了，才能研究如何搭建上面的建筑。拳法训练步骤千万不能错，不然就会像小学生研究大学功课一样很难进步。

　　正确的练法是先做到姿势正确，寻找出身体的矛盾对立，再找到相反的力量，二十四法自然上身。要知道，二十四法的要求很高，是老前辈们经过很多年的训练自然形成的。初学者上来就校二十四法，经常站不了几分钟就自己累得扛不住了，没有时间去思考身体的阴与阳。

二、三体式是形意拳的基础

什么是浊劲？

什么是功夫劲？

浊劲最大的特点是方向单一，

而功夫劲可以让自己无懈可击。

很多前辈都说站三体式是一个换劲的过程。

什么叫作换劲？有的练习者无法解释清楚，将其形容得非常深奥。比如说通过三体式的训练，可以把先天的浊劲，换成灵巧的功夫劲。

那什么是浊劲，浊劲有什么特点？

什么是功夫劲，功夫劲有什么特点？

其实我们在前面都讲清楚了，直劲先行无用。在几何学的 z 轴上用直劲，是非常典型的浊劲的体现。

手臂单一方向用力，像一根棍子，很容易因对手的上下、左右格挡而改变方向，而且使用这个角度的力量，搭手就会跟对方顶，即使赢了，人家也不觉得你高明，所以这种劲叫浊劲。

况且三体式一站就是一个向前进攻的姿势，很容易让我们下意识地往外用力。很多老师会告诉你，手、肘、肩膀要用力向外撑，抻出三星来练整劲，而这种方法恰巧犯了不分阴阳的毛病，越练越成直劲，越不能灵活变化。

至于功夫劲，用我们前文提到的坐标系思维就能解释。大部分人只具备 z 轴（前后）的力量，而不具备 y 轴（上下）、x 轴（左右）的力量。三体式的目的恰恰就是通过静止不动的动作消耗掉前后用力的 z 轴的力量，产生 x 轴（左右）、y 轴（上下）的力量。

什么时候能把 z 轴的直劲也就是浊劲耗没了，搭手就是左右、上下变化的力，才能说三体式过关了，具备功夫劲了，既能够掤住对手的来力，又能用技巧引化对手的力。因此，大家如果练三体式只是在修行前后的力，那就走向了三体式最不应该走的方向。

底层结构决定上层建筑。三体式是形意拳的基础，所有的动作都是在它的基础上产生的。若三体式练得不对，其他动作也很难练对。

我们现在的形意拳传承大多是在 z 轴上研究前后劲力，很少去研究 x 轴和 y 轴。左右、上下的力量，很多人听都没听过。老前辈写的关于练拳的文章中，明确提到了拳法要点：提中有按，按中有提，这是上下的力量；纵横交错，这是横竖的力量。可惜前辈的动作只存在于典籍中，极少有人传承。内家拳中最简洁明了的形意拳的真意也濒临失传。

三、浑圆桩、三体式与五行拳的关系

浑圆桩是三体式，

三体式也是浑圆桩，

它们是一个动作在不同位置的展示而已。

五行拳就是这两个桩的变化。

很多朋友不知道内家拳为什么需要站桩，认知走向了两个误区。

一个误区是坚持站桩无上论，认为练拳就是站桩，入门先站 3 年桩，别的都不能练。

就算是王芗斋前辈把站桩提到了非常高的位置，大成拳也不是一味站桩，而是也有试力、发声、步伐等训练，帮助大家练出对抗的能力。王芗斋前辈的水平比我们高很多，尚且不完全以站桩为主，为什么我们就认为只站桩就能出功夫，而不尝试动功训练呢？

另一个误区是认为桩功就是桩功，跟拳法没有关系。

前辈们常说，"三回九转是一式""一生二，二生三，三生万物""一法通万法通"。这些话都是指简单的浑圆桩通过身形的稍微变化，就能生成形意拳中的其他拳法。

下面我通过动作示范为大家讲明其中的原理。

例如浑圆桩身体左转，两手竖直就成了钻拳。然后钻拳左掌下翻就成了劈拳，也就是三体式。三体式手上钻成钻拳，钻拳崩前手就成了崩拳。崩拳抬手上架，后手冲出，就是炮拳；炮拳斜身调步就是横拳。手不动，横拳上步拧身就成了龙形；龙形上步横撑竖撞就成了虎形。（图 97）

五行拳、十二形等都是由浑圆桩、三体式变化而来的。浑圆桩、三体式，一个是两臂横着，一个是两臂竖着，本身就是阴阳。通过一横一竖的搭配，自然而然形成形意拳中所有的动作。

因此，动态的拳法中并没有丢弃桩功，而静止的桩功，本身也蕴涵了动

图 97

态的拳法。

　　在动态中练习拳法，实际就是把静止状态下的桩功串联起来，无缝衔接。因为静止的桩功虽然看上去一动不动，但是已经具备了 x、y、z 三个轴的力量。通过动功无缝衔接，相当于运动过程中没有漏洞。一旦对方侵犯，我们随时能变化成其他动作，如生成五行拳或者十二形，克制对手。

　　这就是前辈们说的"静为本体，动为作用。静中之动，谓之真动；动中之静，谓之真静"。哪怕是只根据古谱，大家也不应该产生只站桩不练拳的想法。

　　桩功产生的 x、y、z 三轴上的力量如果不可以无缝衔接地过渡到五行拳中，可以说形意拳就没有入门。把这些力量的衔接做好，之后越做越熟练，反应越来越快，才能涨功夫。

　　举个简单的例子，动与静好比二进制中的 0 和 1，能够通过编程语言形成美妙的画面。拳法也是，浑圆桩好比是 0，三体式好比是 1，它们搭建出了形意拳中的所有动作。

　　如果认为桩功跟拳法没关系，那这个逻辑体系就错了。没有关系的话，相当于我们先学浑圆桩再学三体式，学了三体式再学五行拳，乃至十二形。形意拳中至少有 19 个动作（浑圆桩、三体式、五行拳、十二形），真正的危险出现的时候，选择哪个应用呢？

　　真正的练拳是做减法，动静本身是一体，无非浑圆桩是 0，三体式是 1。不管练习拳法还是练习桩法，都是 0 与 1 的搭配，都是在练习身体的拧裹钻翻。形意拳最终可简化为身法而不是招数，既没有拳法也没有桩法。

　　当拧裹钻翻形成本能之后，不管对方出什么动作，我们都可以下意识地出拳应对。郭云深前辈所言"拳无拳，意无意，无意之中有真意"就是这个意思，身法到位后，用什么都是随机应变，都在有意无意之间。

　　很多人错误地理解传统武术，认为太极拳实战必须摆出云手，形意拳实战必须站出三体式，这都是受了武侠电影的影响。

　　内家三拳的目的都是练出劲，在这种劲的统领下进行实战格斗。那么，内家拳的螺旋劲可以通过拳击的直勾摆三拳体现吗？

　　当然是可以的，所以它可以无缝嫁接现代博击，让水平已经很高的运动员继续提高。加入内家拳的螺旋劲后，哪怕是用拳击的直勾摆，都会不同于现代搏击的直勾摆，因为它有着内家拳独特的催根效果、更胜一筹的打击力度。

因此，学拳要学通，学习钻拳，身上要包含浑圆桩的东西；练习三体式，身上要有钻拳跟浑圆桩的东西；练习虎形的上下发力，要同时包含浑圆桩、钻拳、三体式所有的东西。学的东西越多，功力越精纯。将学到的东西渐渐融合成一个东西，那就是身法。

形意拳有"三回九转是一式"的说法，会了身法，自然而然就可以产生很多变化。在具体的训练方式上，静功还是从浑圆桩开始，动功还是从钻拳开始，但在训练的过程中，要逐渐让它们两个发生联系，达到"一法通万法通"的境界。

四、与其他门派训练的差异

很多朋友特别好奇，为什么我们的训练体系从浑圆桩开始，形意拳不都应该练三体式吗？五行拳训练为何从钻拳开始，而不像其他流派那样以劈拳开手？

先说站三体式。我自己就曾经试验过。我从高三开始学习三体式，一直练到大学毕业，工作后又练了几年，将近 9 年的时间只练三体式，但是一直没有出功夫。后来明白了拳理，加强了浑圆桩的练习，找到了其中的窍要，很快出了功夫。

而五行拳的训练从钻拳开始，更符合五行拳的运动安排，原因如下。

（1）从套路来看。

我们思考一下劈拳的动作，在劈之前是不是先有一个上钻的动作？因此，钻拳理应是在学劈拳之前就需要掌握的，否则难以解释为什么劈之前有个上钻的动作。

当你真的会了劈拳之后才会明白，如果起钻做得不对，落翻是没有任何意义的。大家可以慢慢体会。

（2）从劲路来看。

钻拳练习的是拳头向外钻出去，回收的时候，自然完成一个劈打的动作。很多朋友缺乏定步的训练，所以体会不到。钻拳更多的是打出一个远离身体的离心力，随着手回挂贴近身体的过程，自然做出劈拳。

为什么前辈们多以劈拳开手？

我们不能只知道前辈多以劈拳开手而不明白其中的原因。以劈拳开手的前辈大多身材比较高大，例如李存义、耿诚信、薛颠等。三体式一站，大部分对手的高度在他们的手部以下，两手简单下落就可以劈砸在对手颈部，所以他们称劈拳为"大刀切白菜"，用起来非常得心应手。因为有身高差，所以不需要上钻，一沉身就可以直接下劈。

然而尚云祥先生比较矮小，据说还不到 160 cm。他如果也是以劈拳开手，三体式一摆，对手都在他的手部上方，往下劈只会漏洞更大，没有任何优势。因此，他以钻拳开手，研究自下而上的打击方法，身法独树一帜。

尚云祥先生虽然以崩拳闻名，但是他的崩拳中也含着钻拳的身法，故被称为"蛇形崩拳"。这是我学习了几派形意拳后才发现的奥秘。

从逻辑上来分析，因为先天素质不同，高个子的打击方式不一定适合矮个子。但是个子矮的人为了突破自己的身体限制而研究出来的打击方式能够以短击长，个子高的人拿来用，就可以对付个子比自己更高的对手。

我们的练功体系就是将一部分耿派练法与一部分尚派练法结合，更容易帮大家找到形意拳的真谛。

五、站桩的训练时间

很多老前辈站桩一站六七个小时，

这样的练法有必要吗？

没有这样练过就没有发言权。

我这样练过，所以不建议你也这样做。

我们经常看到一些故事，说老前辈站桩多么辛苦，站桩时间多么长，最终站出了大功夫。然而好多朋友花费大量的时间来练习站桩，却效果甚微。这一节我们一起探讨一下站桩到底要站多久，下多大功夫。

站桩是有阶段性要求的，不是一直维持一种站姿就能出功夫的。

1. 初学者站桩的动作和顺序

李存义先生说过："一日不顺，次日再站；一月不顺，次月再站；一年不顺，次年再站。"因此，对于初学者来说，站桩先要掌握正确的动作。耿诚信一派的三体式看着有些别扭，别扭的原因前文解释过，是因为模拟了实战时重心丢失的感觉。没有正确的"别扭"姿势，很难产生抻筋拔骨、功力进步的效果。

因此，在初级阶段，我们不需要研究动作的反向拉伸，而是要感受身体各部位，妥善分配它们。让身体在对的前提下放松，以后我们想调动它的时候，它才能听话。

很多朋友会疑惑，三体式到底是一动不动效果比较好，还是动起来效果比较好？对于初学者来说，适当运动是非常有用的。因为刚开始站桩，劲力肯定会在身体的某个部位停滞，适度地活动可以打开关节，并且也是一个找劲的过程。

如果初学者站桩时一动不动，手臂的重量自然会落到肩膀上，肩膀是很难承担起的（图98）。长时间这样练习，除了会让肩部肌肉紧张、劲力落不到脚底，还会造成肩部肌肉劳累过度，产生劳损等问题。肌肉越酸疼，越难以做到动作和顺。

至于站桩怎么动，这就是学问了。薛颠先生说："桩功慢慢以神意运之。"

王芗斋先生说："大动不如小动，小动不如蠕动。"初学者应当尝试用正确的运动方式缓解身体的酸痛。找到劲之后，为了更好地达到抻筋拔骨的效果，自然是越少动越好，少动才能让筋得到更多的锻炼。

2. 资深练习者如何站桩

有基础的朋友，就不能沉溺于长时间放松站桩了。前文说过，松并不开发人体极限，紧才开发人体极限。抻筋拔骨，使筋骨得到拉伸，锻炼效果才会更好。

在抻筋拔骨的阶段，由于关节抻拔，筋肉会自然绷紧。不同于之前的放松练法，

图 98

这时候通常站三五分钟就会累得气喘吁吁。这样训练 5 分钟，有可能比之前站 1 小时都累。训练强度太大，导致这个阶段我们很难长时间站桩。在这个阶段，身体素质会得到进一步淬炼，训练效率也会大幅提高。

这种紧桩，要循序渐进地练，训练到能够维持 15~30 分钟就可以了。因为不管筋骨多么强壮，抻筋始终是在现有基础上继续增加难度，所以不存在练久了就不酸疼了之说。肩胯及深层肌肉的拉伸不受年龄限制，功力一旦练出来，一般不会退功。

反过头来说，松桩完全没必要站 1 小时以上，早早地进行紧桩训练才是正道。

松桩是一种"甜蜜蜜"的桩，长时间地站松桩会有一种舒适感，会让人沉迷于虚假的快乐，停滞不前，这比不出功夫还可怕，因为它会让人不清楚自己的水平，只沉浸于自己的幻想，失去更进一步提高的可能。

对于需要提高的朋友，缩短站松桩的时间，然后延长练紧桩的时间，才是正确的训练方法。但是紧桩总是有一个时间极限的，无限延长时间，肌肉会一直处于紧绷状态，肯定受不了。因此，紧桩通常每组不会超过 45 分钟。老前辈所说的自己站 6~8 个小时，跟你的松桩站 6~8 个小时还不一样。老前辈站桩，紧一阵松一阵，是真的在练功。似是而非地学，肯定起不到作用。所以以为自己下的功夫不够，继续长时间站桩，反而会让我们走向更错的境地。

六、站桩与五行拳的关系

可以只站桩，不练拳吗？

可以等桩功过关了再练拳吗？

不可以！

如果没有拳法配合，

桩功永远无法过关。

练形意拳，不可以只站桩不练拳。站桩是在静止状态下保持结构，一旦动起来，静止状态下的结构可能就散了，所以需要通过行拳把静止站桩时的整劲贯穿在运动中，达到无缝衔接。

五行拳与桩功之间是相互促进的关系，很多人搞不清楚这个原理。

很多初学者在练习站桩的初期，由于身体素质不够强而感觉非常累。因为浑圆桩实际上相当于负重训练，初期是用肩部肌肉承担手臂的重量。但是随着练习的深入，背部、腰部、腿部肌肉加入进来，手臂的重量就可以落到腰腿，肩膀就不感觉累了。这时候我们的站桩时间一般也长了，但没有多少运动量。

这个时候很多朋友会陷入一种误区，认为自己需要延长站桩时间，既能磨炼意志又能涨功夫，而不进行拳法训练。

这种想法是非常错误的，如前文所述，长时间站桩的效率是很低的，很难涨功夫。身体的酸痛期过了之后，人就适应这个训练强度了，再怎么练习也提高不了太多，桩功训练就到了瓶颈期，这时，拳法练习就能帮你继续提高。

例如我们课程中浑圆桩之后的钻拳训练，会通过一个动作不停地运动你的腰胯。一组 100 个，做上 10 组，你会感觉到后腰、背部、腿部的肌肉都非常累。为什么钻拳具有强肾的作用？因为只有练到腰，腰才会变强壮，才能固肾。这些肌肉在静态站桩过程中很难锻炼到，只有运动起来才能受到刺激。

一两个月之后，钻拳的训练到达一定程度，身体就能够适应这种运动强度了。这时候再继续练习浑圆桩或者钻拳，又难有太多提高了，就需要学习更难的动作——三体式，以继续提高自己的功夫。

很多朋友都有体会，浑圆桩能轻松地站40分钟，但是三体式通常站5分钟就扛不住了。因此，浑圆桩站得再久其训练效果也替代不了三体式，从浑圆桩到三体式相当于增加了难度，如同从二年级上了三年级，学习自然会变得吃力。

功夫不负有心人，持续训练的话，三体式也会有所突破。这时候再回头练习浑圆桩、钻拳，会觉得钻拳水平提高了。

当三体式对功夫的提高也没有太多帮助的时候，就需要练习后面的动功以再进一步。

因此，正确的训练逻辑是：当桩功不提高时就练拳，练拳提高功夫后再训练桩功。一静一动互相促进，螺旋上升，功夫水平不断提高。

桩功与拳法，一个静止一个运动，缺一不可，五行拳与后续的十二形也是层层递进关系。万万不要相信什么入门要站三年桩，或者只站桩不练拳的说法。内家拳的训练是循序渐进的。

七、三体式的实战作用

三体式在实战中有什么作用？

支撑，阻隔。

形意拳练的是让对手不舒服的能力。

前文说的都是怎么练"知己"的功夫，自己怎么通过努力训练三体式以更好地出功夫。下面我们谈谈如何练"知彼"的功夫。我们首先要讨论的就是，三体式训练要达到什么目的？

无论是浑圆桩还是三体式，训练的目的除了化力，更重要的是发力。

化力就是通过三角形的支撑与圆形的转动化解对方的力量。发力也是一样，转腰蹬地的力量通过手臂三角形过渡，经圆形的转动增大，最终撞击到对手身上，把对手发放出去。

河北派形意拳有一个打活桩的功法值得大家借鉴。打活桩就是让一位朋友两手支撑站稳，我们通过三体式的发力把他撞击出去（图99）。该功法练久

图99

了，就能具备抬手发人的整劲，也可以逐渐掌握劈拳的劲路。

很多练习内家拳的朋友喜欢谈应用，但是很少对着人训练，可以说是脱离了对抗运动的本质。如果不对着人训练，很难发现里面的一些细节及重点。发力并不是简单地用整劲就能把对手发放出去。

根据距离的不同，发力分成好几种情况，我们尝试阐述如下。

1. 搭手发力（图 100）

最基础的三体式发力是搭手发力，也就是很多人所谓的零距离发力。这个时候我们的小臂与对手小臂相接触，通过身体的变化把对方打出去。

图 100

2. 寸拳发力（图 101）

手臂离对手 1 寸，手不能回撤，用身体的整劲爆发出力量打击对手。通过这种短距离脱开接触点一样能把人发出去的训练方式，可以练出实战过程中远程脱手打击人重心的能力。

实际上，发人是一种训练方式，更多的是通过肢体的短暂接触，让对手失去重心，达到催根的目的。如果没有通过脱手发人练出来的这种能力，实战中会很被动。

3. 长劲发力（图 102）

与对手相距 1 尺，通过远距离击打把对手撞击出去。培养的是在实战中拉开距

图 101

离也一样能破坏对手重心的能力。长期这样练习，一拳一脚及身体的每个动作都具备了强大的催根能力，通过远程击打就能控制敌人重心。

形意拳讲究一触即发，就是一接触就要让对手站立不稳。看上去形意拳

图 102

的劈、崩、钻、炮、横，跟拳击的直、勾、摆没有太大区别，都是转动身体打击敌人，但二者其实有本质区别，内家拳用拳脚击打，但是能达到如同摔跤一般的控制重心的效果，即催根，非常难。

西方搏击追求的是打击力度，研究每一击要如何重创对手。但是对手如果做好防御，一次进攻伤害不了对手，这一下就结束了，需要组织下一个动作进攻。因为从远距离过渡到近距离需要耗费很大体能，一次打击组合被对手防御后，撤出再重新开始，又需要消耗一部分体能，所以对运动员的身体素质要求很高。

这么好的身体素质，如果采取形意拳的思维进行训练，就可以形成一种更经济的打法。例如，每次击打前都充分考虑对手的格挡，令对手挡住之后就站立不稳，或者虽然一次进攻没有达到重击的目的，但是令对手失去重心无法反击我们，这样的话我们不用撤出，只需通过身法的微调让对手再次失重，继续控制其重心，就能保证一直在近距离压制对手，我方持续保持优势。而对手在我们的控制之下很难再找到重心。

例如摔跤，一个高手很容易抓住合适把位，带动水平低的选手，使他全程站立不稳，直到将他摔倒。推手也是，水平高的人很容易带动水平低的人，让他进退失据。人在重心不稳的时候首先要稳定自己的重心，然后才能再次进攻。

在这个过程中，重心不稳定的一方调整重心既耗费时间又消耗体能，同时被近距离压制，而占优势的一方随时可以利用优势角度发动重击。形意拳的立意非常高远，不仅仅是为了推手而存在，还为徒手、兵器战斗提供方法，是非常精妙的拳法。

可以说，现代西方思维下的搏击，对于距离的研究非常透彻，而东方的传统武术对于角度的研究非常精妙。不同文化背景下，对格斗问题的不同思考可以互补。

4. 负距离发力（图 103）

推手过程中，我们不一定能一直捌住对手的劲。有的时候对手打击速度太快，或者在我们没有防备的时候发动攻击，很容易把我们压制到负距离（也就是手臂伸不开的状态）。如果平时只会用胳膊腿发力，那么这种背势的情况就无法应付了，因为重心被对手直接压制了。哪怕有腰腿劲，不进行针对性训练，实战的时候也很难找回优势。

图 103

负距离情况下的发力需要专项训练，以适应实战。

5. 对手不配合的发力

在正常对抗过程中，对手一般都会用上下、左右、前后的力量挣扎，以期获得自己的优势状态。

我们为什么要研究 x、y、z 三个轴上的力量？自然是为了找到对手力量薄弱的方向从而控制对手。这样的专项训练很重要，只有在对手不配合的情况下依然能够发放对手，才算真正学会了发力。

从三体式的作用来讲，形意拳研究的不是如何近距离控制对手重心，例如摔跤的抓把、太极拳的近身，而是如何通过远距离的击打让对手站不住，我方利用优势角度控制对手，继续加以打击。

这就要求练习者需要有强大的整劲和灵活变化的劲路。

真正的形意拳完全不必以五行拳的招式实战，配合好劲路的变化，直勾摆同样可以起到打击对手重心的作用。形意拳的实战不是三体式拉开，摆好架子，用招式去战斗，而是用内里的劲路去战斗。具备这种劲路，能打出这种控制重心的风格的打法，才是形意拳的打法。

八、用意不用力：左右拔根与垂线原理

作用于重心线上的垂线，

可以让任何人站不稳，

只要你找到合适的角度。

用意不用力，很科学。

很多朋友认为，通过手臂一瞬间的接触控制对手重心是不可能完成的任务，因为几乎所有的格斗技术，都是通过近距离把位的控制带动对方重心。

且不论能不能产生手臂的接触，就算能接触到，手臂接触时间这么短，怎么能调动对手的重心？其实人的重心非常容易被调动，接下来，我用对抗中的垂线原理给大家解释一下。

人在前后方向上稳定性最好，始终有力量。但是两脚打开时，在两脚跟连线的垂线的方向，人无法承受任何力量，被人轻轻一推或一拉就站不住（图 104）。

图 104

拳谱中的"用意不用力""以智取不以力敌"，实际就是指利用垂线原理，用很小的力量破坏对手重心。

当一个人如图105中黑衣人那样站立的时候，他的整个身体，从头到两脚，是一个三角形的形状。我们如果沿着他两脚前后站立的方向打击他，他很容易用整个体重的力量扛住。

但是有一个方向，他的力量是很薄弱的，那就是他两脚连线的垂线方向。如果我们利用好优势角度，从他两脚连线的垂线方向对他进行击打，哪怕他全力防护，这一瞬间也是站立不稳的。他需要花时间、体力迅速调整好重心以组织有效反击，同时需要在心理上提防我们继续进攻。

图 105

而我们不会等着他，会持续地调动他，一直让他被动。我们的每次调整都会让他感觉到非常不适应，想反击却做不到。这样的技击方法，一旦出现在格斗擂台上，会不会让对手有不一样的感觉？

观察后我们会发现，现代西方思维的搏击技术，例如拳击，也是站在对手的一侧击打，以产生强大的打击力度，但是实际上，运动员很难做到站在对手任意一侧击打而同样产生强大的打击力度。

我们向对手左侧移动，对手也会转变角度，两方再次恢复面对面的状态，

图 106

难以利用侧面进行打击（图 106）。

这就陷入了一个怪圈，我们知道侧面打击能让对手处于弱势，容易战胜对手。但是对手会通过脚的移动，避免侧对我们。而且如果我们主动移动的话，脚部的移动距离较长，而对方只需要微微转动身体，就可以将我们耗费体能产生的优势角度破坏掉。

所以在现代擂台上，只会出现两种我方站在对手侧面的情况：

（1）我方速度比对手快，抢占先机；

（2）我方体能比对手好，耗到对手没力气了，自然是我们速度快，能够抢到先机。

这两者都需要建立在快的基础上，由此我们可以发现东方拳法与西方搏击的不同之处。西方搏击追求更快、更强，是胜人的思维，但是总有些问题是它解决不了的。假如对手的身体素质比我方强，我们很难通过西方的竞技思维战胜这样的对手。东方拳法则可以完美地破开这个怪圈，利用独特的角度战胜对手。

大家可以发现，传统武术中有非常多的横向打击方法，例如通背拳、披挂掌、螳螂拳，把胳膊伸直横向抡动，看上去动作很笨重。在现代搏击里，除了泰拳的扫踢是这个风格，其他流派几乎不用这种方式进攻对手，因为对手很容易闪开。

在实际搏击过程中，武术爱好者用这种横抡的方式对抗职业运动员往往效果不佳，于是大家就认为这种格斗方式没用。职业运动员也觉得这种攻击漏洞太大而不采用。但是实际情况恰恰相反，如果双方水平相近，横向的打击实际上是非常有用的。

假如双方相对而立，我们用横向的打击方法进攻对手，即使对方抱头格挡，我们的力量也很容易通过对手两脚连线的垂线，让对方站立不稳。

一旦对方想要抵抗我们横向的力量，身体就会不自觉地向打击方向倾斜，若这时我们撒开力量或者带动对方，对方会倾斜得更厉害，从而迎向我们的拳头。

这一瞬间之力既让对手失重，又符合我们整劲的打击要求，两股力量对撞，杀伤力巨大。传统武术把这种力量叫作惊炸力或对撞力。

为什么很多人认为这种打法笨？因为很多人不会用身体发力，都是用胳膊发力。用胳膊发力横向打击对手，移动范围大、速度慢，既起不到威胁对手的作用，也没有后续变化，还浪费时间，真的不如西方搏击快。但是如果我们在打击的瞬间用的是 S 形的劲路，用身法进攻，一下子就能让对方失重，甚至控制对手。可见，有功力的打法才是有用的。

只有具有了形意拳的功力，才能用出形意拳的打法。因此，传统内家拳都强调找劲，找到内家拳的劲，就跟练拳击找到直拳的劲一样，是非常重要的基础。有了这个基础以后，才有资格谈增长实战功夫的事儿。

九、上下拔根，重心撬动的原理

何为内家拳的拔根？

若始终向下 45° 或向上 45° 占据优势角度进行打击，

敌人要么站不稳，

要么顶劲前倾。

占据优势角度，

是保证技法能够应用的核心。

前面我们讲了在两脚连线的垂线方向上，是比较容易调动对手重心的。实际上，重心不仅在左右方向上可以控制，在上下方向上也可以调动。

形意拳的拔根是复合了左右垂线、上下角度的，本身并不难，只要大家按照正确的功法训练，自然能掌握。

角度 1：让小伙伴两手环抱，维持好自身的平衡。我们可以用钻拳从斜下方 45° 把他击打出去（图 107）。

图 107

角度 2：可以用劈拳从斜上方 45° 把他击打出去（图 108）。

图 108

这两个角度，都避免了跟对方的抵抗力量直向冲突。当一个人抱拳防御时，我们从下往上击打，或者从上往下劈击，都很容易打得对方重心不稳。

在现代赛场，打击之前降低身姿，既可以闪开对方对我方头部的进攻，又可以蓄力从下往上撞击对方，令他站立不稳，然后我方再继续攻击就很容易了。

因此，练习形意拳钻拳的目的，并不只是让我们学会怎么打拳，而是让我们养成从下而上的进攻方式。古谱言"钻拳本是地反天"，我们的三盘落地、蹚步都是为了训练这个重点。如果直拳、勾拳、摆拳都有这种功效，一进攻就让对方站不稳，会不会整个打击体系都会发生变化？

劈拳则是一个从上往下的打击方法，它始终保持一个45°向下的打击方向。相对而立时，对手的抵抗力量都是向前的，我们很容易通过立圆的滚动，把对手的抵抗力量引向下，从而导致对手前倾失重。

所以从角度来看，劈拳的打击方式本质上同钻拳没有太多区别，只不过是方向不同而已，目是都是让对手失重。

《逝去的武林》这本书提到，形意拳是旋着身子打拳。如果没有身法，只是通过手臂斜劈、竖挑对手，这功夫大概率上是没用的。

为何有人总是用不上钻拳、劈拳的力量，无法在打击角度上获得优势？因为他们练拳时，一方面，大部分时间练的是手臂运动，抬起手臂而不是借助身法形成45°的角度优势，速度慢，对手有充足的时间防御；另一方面，大部分人上重下轻，上身的动作多于下身的动作，导致重心横在胸口，做不到气沉丹田，重心跟对手抵抗的高度在一个水平线上，此时很容易变成不管怎么做都是在顶抗对手的力量。

如何判断自己的重心到哪个位置了？在练拳或者站桩过程中，让人用两根手指推你的胸口。如果不影响你继续练拳，那就是重心沉下去了，至少不是横气填胸。如果两根手指一推，你就站不稳了，那就是重心还浮在上身。因此，有无气沉丹田不能只凭感觉去判断，要实际检测一下才能确定。

十、两种错误的三体式

三体式的关键是胯与肩膀的关系。

真正的三体式应该是步斜身正，

如同螺丝反拧。

若三体式站不出来左右劲、上下劲，也就是前文说的 x 轴、y 轴的劲力，那这个三体式大概率是错误的。

常见的错误的三体式姿势有两种。

第一种错误的三体式叫作身正步斜，我们模仿一下。

从上往下看，这种站法两个肩膀几乎在一条横线上，如图 109 所示。两肩膀与手臂的角度接近 90°。对手轻轻地用手指推一下我们的前手，其力量就会通过手臂到达我们横着的两肩膀，令我们站立不稳。

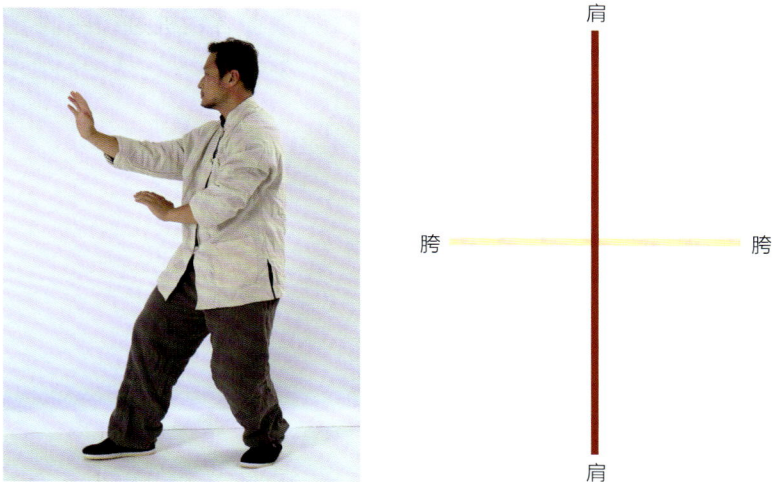

图 109

因为手臂与两肩的角度是 90°，一旦前手受力，力量就会沿着手臂到达肩膀，影响重心。用这种姿势搭手对抗时，手臂与肩膀也起不到掤住对方的作用。这种姿势既不具备前后的力量，也不具备左右的力量。

同样的，因为前手与两肩的角度是 90°，对手稍微一横拨我们的前手，其力量就会通过我们的手臂到达肩膀上，根本过渡不到腰腿，腰腿就起不到支撑的作用。

这样的站姿还会让全部体重沿着大腿下落到膝盖（图 110），长期这样锻炼会导致膝盖不适。

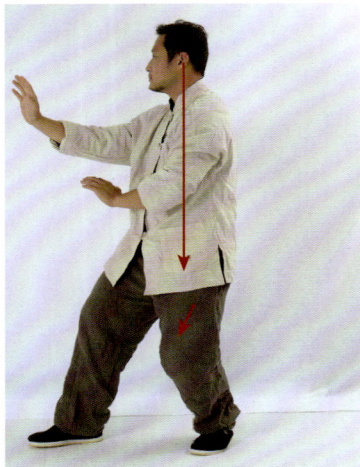

图 110

第二种错误的三体式叫作身斜步斜，两肩膀、两胯一前一后，从上往下看，两肩和两胯的连线接近重合（图 111）。这样的动作比第一种稍微好一点，前手有一定的支撑，对手对前手施加的力量通过两肩可以传导到腰背及腿上，可以说是做好了 z 轴，然而 x 轴、y 轴不稳。

如果对手用两根手指从侧面轻轻推一下我们的前手，这股力量立刻就会到达后肩膀，我们的整个身体都会被推动，如图 112。

而且伴随着胯的后拉，肩膀也是后拉的，对手用两根手指轻轻推一下我们的后肩膀，我们整个人立刻会站不稳，如图 113。

两肩连线

两胯连线

图 111

图 112

图 113

　　因此，这样的三体式完全没有左右力量，也没有上下力量。看上去很好看，发力也挺猛，但是与人较技时根本不管用。

　　所以，三体式不管是平着站或正着站，只要都只是在一个方向上有力量，就是错误的三体式。真正的三体式应该是步斜身正，整个身体呈扭转之势，如同螺丝反拧，这样才能起到支撑、固定的作用。

　　如果三体式姿势正确，通常练习 3 个月 ~1 年，就能够练出能发人的整劲了。

十一、三体式与一身具五弓

一身具五弓，
太多人理解错误。

图 114

图 115

明白了圆柱体理论、三角形理论，才能够谈"一身具五弓"。

五弓是哪五弓？脊柱是一张弓。剩下的四张，有人说两臂弯曲为两张弓，两腿弯曲为两张弓，这在我看来是完全错误的（图 114）。

很多人练的都是手臂运动的拳法，以为弯曲的手臂是弓。

然而假如在前后方向上，有人顶住我们的前手，我们的手臂就很难继续往前伸了，也就是说，这张弓一旦受力，就没有作用了（图 115）。

前文讲过，在承受力量的情况下，腿部三角形不能随意变化，一变化重心就会有起伏，就容易陷入被动的状态。因此，说两腿弯曲是两张弓，用它来发力，肯定不对。这样理解一身具五弓的朋友，还是在用胳膊、腿发力的思维衡量拳谱中非常重要的东西。

按照这种错误的理解，陈发科前辈的单鞭式两臂完全打开，张占魁前辈的三体式前臂几乎完全伸直（图 116），肯定无法继续发力，怎么能起到手臂弓的作用呢？而看懂了我们三角形理论的朋友应该能够明白，陈发科前辈两臂伸开，恰恰就是为了避免手臂屈伸，是一种固定三角形的方法。张占魁前辈前臂完全伸直，就是故意维持这样的角度，让手臂三角形锁死不动。他们这样做，都是为了让人体上肢真正的弓——肋下弓发力。真正的上肢弓，是三角形的肋下弓，而非手臂。

图 116

如图 117，我们用劈拳做发力演示。当对手全力阻挡我方，我们已经没办法屈伸胳膊发力时，肋下弓依然可以在腰胯的作用下伸展，把对手抛放出去，像蝙蝠张开翅膀一样。

图 117

形意拳号称"两肋如腮"，能够练出肋下弓发力的人才是高手。前文从圆柱体原理过渡到丹田原理时候，讲过开肋的概念。只有空练的时候具备了开肋的能力，肋下弓发力才能用得出来。

大部分人是没有这个弓的，也想象不到，于是认为手臂是弓。

如果我们练的功夫无法克服对手阻力，无法把对手的整个体重发起来，谈何整劲？因此，无论是太极拳、形意拳还是八卦掌，老前辈们练习时都是打开两肋，而不是收缩两肋，因为真正的上肢弓在这里。

胯部的弓也并非在腿部。在推手过程中，腿不可以随意屈伸，因为通常对手的体重会压迫在我们身上。腿部三角形如果变小，会被对手压到地上；腿部三角形如果放大，重心会随之上浮，让对手有机可乘。

图 118

只有维持腿部三角形尽量不动，用图118中红圈的位置——胯的折叠起伏发力，才能够轻松地把对方打出去。内家拳为何重视落胯，原因就在于此。现代健身中的硬拉动作，手臂完全伸直，依然可以凭借胯的开合把很重的杠铃拉起来，其原理与内家拳一样。

传说太极拳前辈们在八仙桌底下练拳，就是为了让腿贴地，锁死腿部三角形，倒逼腰胯转动，打开胯关节。现代人练太极拳为何伤膝盖？就是因为没有锁死腿部三角形，练拳时身形忽高忽低，体重全落在了膝盖上。

形意拳前辈们要求在练拳过程中头不能上下起伏。这规矩自然也是让大家锁死腿部三角形。真正的五张弓，都在根节上，肋下两张弓，胯根两张弓，脊柱一张弓。

锁死腿部三角形，腰胯才能带着腿移动。形成了这种习惯，自然重心更加稳定，整个人就像坐在弹簧上一样，太极拳中叫"如坐高凳"。打起拳来以大小腿为弓不断屈伸，重心忽高忽低，会把凳子坐坏的。

十二、三体式桩法，充斥空间

　　　　形意拳练的不是招数，
　　　　而是身法的变化。
　　　只有将身法的每个角度都练到过，
　　才能保证实战时所有角度都游刃有余。

图 119

　　三体式是一个桩吗？实际上不是的。

　　前文的坐标系理论告诉我们，练功要有 x、y、z 三个轴上的力量。三体式也一样。假设整个空间是一个球形，我们固定练三体式朝前的动作，等于只训练了其中的一个角度。到了实际对抗中，遇到其他角度的时候，因为平时没有练到过，就很有可能失败。

　　站桩不是站死桩，所有固定的桩法都是只有一个角度，只有桩法不断变化，充斥整个空间，才是真正的无死角。王芗斋先生对桩功的设计就体现了这一点。例如浑圆桩，从垂直角度，也就是 y 轴上的变化来区分，两手心向内叫浑圆桩（图 119），手心向下叫扶云桩（图 120），外撑叫撑抱桩（图 121），斜 45° 向上叫小天星桩（图 122）。这些桩实际就是把浑圆桩按照立圆的旋转方式从下到上旋转形成的，可以训练不同角度的劲力。

　　而从平圆的角度，也就是浑圆桩沿着 x 轴旋转来看，身带手左右一转叫矛盾桩，前指叫勾挂桩，两手上托过身叫托天桩，于胸

图 120

图 121　　　　　　　　　　　　图 122

前上托叫托婴桩，下按叫伏虎桩，步法转成拗步叫降龙桩。大家可以自行搜索优秀武术家的桩功照片，观察浑圆桩在横向上的变化。

王芗斋先生设计的桩功就是浑圆桩沿着 y 轴、x 轴变化，这种变化可以产生很多桩法。在对抗过程中，任何角度上的发力都是可能的，平时训练过，身体才能做得出。

如果带着这样的思维去研究试力，大家会发现，试力也是在训练桩在不同角度下的应对能力，大家可以自己去研究探索。

大成拳的功法构成体系与形意拳并无区别，都是让一个静态的东西，按照 x、y、z 三个轴转动，各个角度都练到，形成动态。

形意拳三体式也要充斥空间。例如维持三体式，身体左右横转，就成了八卦掌。

八卦掌的练习过程更明显，维持一个姿势不动，用步法、身法转圈，用自己的身体充满整个空间。

再聊聊大家容易忽略的三体式真传练法——桩功慢练入道。

维持三体式大致不动，我们的身体往左右转动的每一个角度呈现出的形态都是不同的。何为桩功慢练入道？在转动过程中，必须体会到三体式从 1° 过渡到 2°、3° 等各个角度时的不同形态，以及其中的薄弱环节。能够在每个角度都发现自己不足的地方并改进，才能增长功力，在实战过程中遇到任一角度的来力，都能用平时训练到的内容应对。

哪怕是打五行拳，也要体会三体式在各角度之间的不同变化。练功过程中，寻找不同角度之间，x、y、z 三个轴中力量薄弱的地方，查缺补漏。这样才能够出功夫。也因此，形意拳号称桩功慢练入道。

形意拳通过这种方式，既练习了平圆又练习了立圆。三体式在高低、起落、俯仰、纵横等不同角度变化，最终形成了多个 360° 的环，构成了一个三维的立体空间。内家拳若练到充满整个空间，在任何角度都能克敌制胜。这个概念，在老拳谱中叫作混元力。

理解了"混元力"这个概念，我们在平时练功过程中，就不能直挺挺地练了。因为只是手臂动而身体不动，很难让三体式充满整个空间，形成混元力。同时，身体动得不到位、不得法、角度不够，也无法让三体式充满空间，形成混元力。

平圆跟立圆，就像地球上的经线和纬线一样。前文讲过，几乎每个拳法动作都是由浑圆桩和三体式演化形成。所以我们练拳并非练某一个拳，而是练习如何通过身体位移，将桩功演化成各个拳，而让各个拳同时保持桩功的状态，所以，这个变化过程才是万法归一。

因此，360° 的理论，就比 x、y、z 三轴力量的理论更进一步。两个桩就如同经纬线定位姿势，桩功到位之后，身法微调，即可成为形意拳的各种拳法。

太极拳也一样，洪均生先生的正圈、反圈动作也是二进制中 0 和 1 的关系。练好了正反圈动作，它们就可以自发构成太极拳中所有的招数动作。这里就不赘述了。

很多人练习形意拳，喜欢打完之后定住，这是以表演的形态练功。形意拳也是内家拳，慢练是它的核心。慢练的目的是让身体充斥空间，"劲断意不断，意断神相连"。一步一停地练形意拳，除了表演时好看，对于实战功力长进没有任何帮助。

王芗斋先生很早就发现了这个问题，于是废弃了套路，提出试力而不轻易发力。他老人家的贡献至少有以下三点。

（1）提出力不出尖，也就是本书 x、y、z 三轴劲力周全的意思，否则就容易被对手改变路线。

（2）提出持环得中，也就是平圆、立圆。持环得中，才能不被对手改变劲路，保持好自己的中！

（3）提出试力，也就是本节所说的桩功充斥空间。

你还在思考怎么用拳吗？真正的拳法是诠释人与空间的关系。当你做到无懈可击，赢对手就是水到渠成的事情。

本书涉及的心法很多，这些心法才是真正帮大家理清练拳思路、掌握拳理的真材实料。《逝去的武林》一书中说，尚云祥教拳是给人"金子"，而不是给人"碎银子"。希望看了本书的朋友能够重视心法的重要性，得到"金子"。

十三、心意拳、戴家拳、形意拳、大成拳一脉相承的关系

拳法的流传过程，

是不断修正错误的过程。

心意拳是很好的拳法，心意拳高手身体的俯仰非常明显，通过身体势能的变化发出强大的力量，调动体重发力，杀伤力很强。

然而，很多人练的心意拳没有腰身劲，练习鹰捉把，容易简单地两手下劈，成为局部运动。练习虎扑把也不过是两手前推，放弃了自身整劲，只用两臂发力。

戴家心意拳的前辈发现了这个问题——劲不整。于是摒弃了两手远离身体的练法，要求肘不离肋、手不离心，手臂贴身而动，以躯干打人。这样手臂更容易借助周身整劲，于是有了"只见戴家拳打人，不见戴家人练拳"的美誉。

形意拳大师李洛能拜师戴家，学会了其核心身法。学成之后发现，戴家拳贴身练功可以，但打人的话距离太短了，于是在维持躯干运动的前提下，结合自己的心得体会，把两手距离拉开，形成了当今的形意拳三体式，姿势又跟心意拳一样了，两手远离身体，调动体重打人。虽然形式上与戴家拳不一样了，但核心一样。

两手远离身体，却依然保留身法，能用体重发力，才是形意拳。

形意拳脱胎于戴家拳，如果没有了戴家拳的身体运动，肯定是不对的。

随着形意拳的广泛传播，很多朋友又把它练成了胳膊腿的局部运动，远离了身法变化。大成拳创始人王芗斋先生于是废弃拳法套路，只保留了几个桩和几个试力，再次把人拉到身体运动的正轨上来，教出了一大批有功夫的人。

然而伴随着大成拳的广泛传播，十几种桩法、五行拳甚至十二形又出来了。偏离了王芗斋先生"几个桩、几个试力就够用"的指导思想，再次由简

单走向复杂。

现在我们也发现了这个问题，而且试图通过内家拳几何学的概念，帮大家理解拳术中的内涵，以期再次让大家回归到身法运动的轨道上来。

陈式太极拳也是非常优秀的拳法，演化出各种流派的过程也跟形意拳差不多。

好的拳种总是广传，然后变形。优秀的人们总会通过各种方式保留训练核心，形成新的表现风格，然后再次广传、变形。

因此，对的东西总是一样，错的东西却千差万别。

第五章

五行拳粗讲

　　之所以说是"粗讲"，是因为，本章并没有把五行拳的五种拳全部按部就班讲完，而是重点讲解钻拳和劈拳的拳理，其余三拳，读者朋友们可以举一反三。至于为什么从钻拳讲起，而不是常见的从劈拳讲起，相信读者朋友们看了正文，就理解了。

一、钻拳，不发力的发力训练

发人依靠的是
体重"流动"、整体配合，
而不是人为的停顿发力。

在我们的课程中，浑圆桩之后的第一个功法就是钻拳，一个看上去非常简单的动作：两手交替出拳，从一个姿势过渡到另一个姿势（图123）。在这个过程中不停顿、不主动发力，反而是发力的正确练习方法。

图 123

很多朋友感觉这样舒缓的动作，并不像是在练发力，非要人为地停顿、爆发，硬生生地把这个动作做错。

我们的钻拳是定步的前提下，练习腰部左右旋转。当这个动作练熟之后，蹬腿转腰的力量可以很好地传导到手臂，按照前面腰腿 12 只胳膊发力的理论，加上 12 只胳膊的力量，还不够让我们搭手发人吗？

发人依靠的是体重"流动"、整体配合，而不是人为的停顿发力，停顿了哪还有力？

我初练钻拳的时候受到一位师兄的鼓舞，一天大概练习 2000 个，每天腰酸背痛的。这位师兄说，练一天，如果腰不酸，就是没有练到位。随着训练的深入，姿势做对的概率越来越大，动作数量做得越来越少，因为动作标准之后，做不了几个就腰酸难忍，但是训练效果非常好。

希望大家重视这个基本功的训练，因为它非常重要，所有后续的劲路变化都源于这个动作，它堪称形意拳的宝贝。

二、钻拳的守中用中：三角形的变化

钻拳是通过腰的横转、
身体的起伏把拳打出去的。

前文中我们讲过，内家拳最常见的错误就是直劲与纯圆劲。内家拳讲劲力周全，每次出手，必须是横劲与竖劲共同发出，不被对方改变方向，达到指中的效果。

比如在打钻拳时，无论对方如何横拨、下压，我们的钻拳都可以朝着既定方向运行，不会被改变方向（图124）。同时，我方的结构稳定，对方却会被我方催根，站立不稳。这样的一拳打出去才是有用的，才是内家拳中要求的劲力周全。

图124

这个动作不难做到，只要大家按照正确的钻拳体系进行训练即可。

我们思考一下，如果打出的一拳被对手改变方向了，需要收回才能打第二拳，那么内家拳一定不会是现在这样慢吞吞的，而是快打快收。用这种方法去练拳，练现代搏击不是能更快出功夫？没有横竖劲，遇到敌人的格挡就会被改变方向，就做不到指中，遇到抵挡只能收回。

钻拳训练的原理非常简单，就是通过腰的横转、身体的起伏把拳打出去。在这个过程中，身体的左右旋转提供左右劲，身体的上下变化提供上下劲。虽然看上去手臂是直着出去的，但是手臂直向运动产生的前提是身体的左右、上下也在同时变化。如同我们弯弓射箭，箭本身没有变化，但弓上下折叠，弦前后拉伸，会使箭产生前后位移。箭本身没有发力，但会在弓和弦上下、前后的力量催动下射出。钻拳也是一样，身体左右旋转、上下折叠，可提供手臂前钻的动力。

当我们能熟练地应用这种发力方式，身体就能充分参与打击。身体发力越大，才越接近拳谱中的"发力如开弓放箭，一往无前"！

钻拳动作怎么做才能对？如果我们细分钻拳的动作过程，可以将它分为两个阶段：①手腕从腹部上提至胸口；②拳从胸口向前钻出。在这个过程中，假如对手从前后、上下、左右这几个方向阻挡，不让我们沿着既定路线出拳，而我们通过身法的变化让对方失重，拳依然能打出，动作就是对了。

因此，钻拳的练习大概也分为以下 3 个阶段。

（1）基本动作熟练。

（2）能够克服对手的阻力，让对手拔根。

（3）裆劲暗换，在对手没有察觉的情况下，化解来力并打击对手。

能够克制对手的阻力，才算得上是大概正确了。卢氏结构的创始人卢宗仁先生这样形容内家拳："来力不入，去力无阻，周身弹簧，犯者立仆。"

我们从最基础的站桩获得"来力不入"的能力，通过钻拳训练"去力无阻"的能力，踏踏实实地一步步训练，才能与真功夫结缘。

三、钻拳的束展与直角

钻拳走的是直角边，

而不是斜边，

斜边没有经过身体中轴线，

既不能防守，也不能进攻。

钻拳的路线，很多人容易练错。它走的应该是直角三角形的直角边，而不是斜边。李存义前辈传给尚云祥的拳谱中这样形容横拳："勾股三角极微处，心肝脾肺肾为主。"形意五行拳，最终都要形成横拳，达到出手横拳的境界。钻拳、劈拳、崩拳、炮拳，无非是形成横拳的中间过程。

钻拳本身具备横拳的勾股三角，然而大部分人都练错了。

如图125，很多朋友打钻拳都是从点1直接到点3，然而正确的流程是从点1到点2，然后再到点3。看上去似乎是走了距离较远的直角边，但是这样做，发力效果好，也有实战意义。

如果我们从几何结构进行研究，可以把人的身体看作一个圆柱体。从点1到点3沿着斜边出拳的话，圆柱体就会以中轴线为中心，以点2到点1这个直角边为半径做圆周运动。假如对方摁住了我们的手臂，这个圆很容易被对方卡住，无法继续转动，这也是我们前文讲的圆劲无用的延伸。

而实际上钻拳应该走的是直角边，手臂首先从点1归中到点2，然后从中轴线出拳。在这个过程中，手臂竖直地从中轴线向前打出，出拳过程中没有圆周运动。假如对手摁住我们的手臂，我

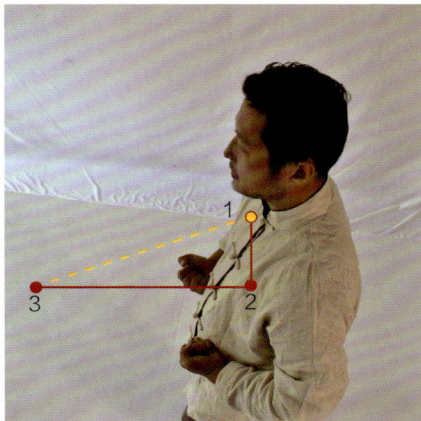

图 125

们的力量可以很好地过渡到对手身上。

老前辈没有写得特别明白，只是用"勾股三角极微处"来描写钻拳的轨迹。"极微"实际上就是说，钻拳要沿着直角边走。有传承的人自然懂，没传承的人就容易摸不着头脑。大家不要小看这样的动作轨迹，它有很好的技击效果。

图 126

对于技击而言，钻拳沿着直角边出拳，自然会产生一个斜边，也就是点 1 到点 3 的斜边，这个斜边可以进行防御。例如，当对手用摆拳打我的时候，我沿着直角边出拳，可以在防御对方摆拳的同时击中对方。（图 126）

当对手用直拳打我的时候，我也可以用钻拳沿着直角边把对手的拳旋滚击出。形意拳本身就包含了先打顾法后打人的意义。（图 127）

但是如果我们沿着斜边出拳的话，对手的直拳通常就会直接打中我们的下巴，我们的拳起不到格挡的作用。（图 128）

钻拳的直角边本身也起着化解力量的作用。当双方搭上手之后，对手从外侧指着我们的圆柱体，我们完全可以通过拳沿直角边滚动把对手的劲化开并打击对手。（图 129）

如果我们在对手的外侧，也可以出拳走直角边，使对方的手臂旋滚而出，远离我们的中轴线，然后再打击对手。

因此，正确的钻拳轨迹非常重要，它自然包含了从上下改变对手力量方向的功能。

很多人在练形意拳的过程中，习惯拳直接从腰上出，相当于走了斜边，并没有经过中轴线，这样是不对的。这样的动作既不符合拳谱中要求的"束展"，也就是先合到中轴线再出拳的原理，也很难出功夫。五行拳所有动作都必须从中轴线出拳，但是大部分人学的都是表演套路，大开大合，很少有人按照传统拳法去做。

图 127

图 128

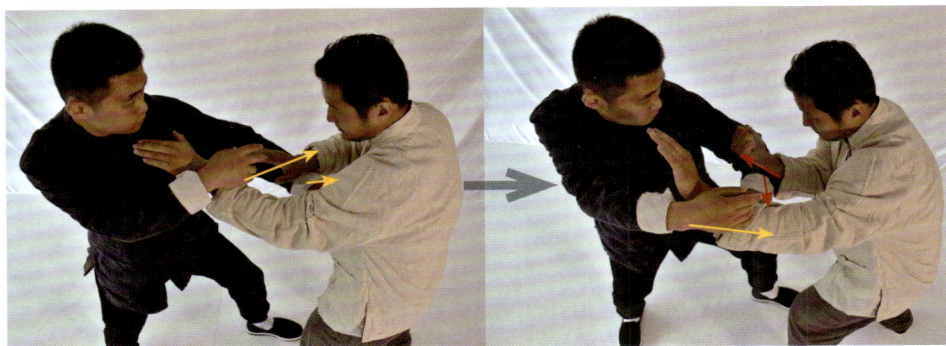

图 129

　　钻拳看上去动作非常简单，其实功效非常大，大家一定要重视，要按照正确的动作来训练。

四、由钻拳打开修行之门

形意拳后续的很多功法，

都是从钻拳变化而来。

看似简单的钻拳，其实是重要的基础。

我刚开始练钻拳时，一天大概练习 2000 个，用时不到 2 小时。然而练了很长时间都找不到感觉，直到后来明白拳理，才逐渐在理论的引导下明白了钻拳的内涵。

我是比较有代表性的理解拳术早于出功夫的人。一般人都是先出功夫后明白道理，我是先想明白了道理然后出的功夫。

很多朋友认为传统武术出功夫很慢，不愿意花时间去摸索。然而功夫是自己的事儿，假如遇到不明白的地方不想着去解决，而是碰到疑惑就退缩，那么功夫很难进步。

其实传统武术具备很多优点，值得大家花时间去追求。

1. 健身

钻拳强肾、劈拳强肺、崩拳疏肝、炮拳强心、横拳强脾，这是写在拳谱上的。我见了太多因为身体问题导致工作、生活不顺利的人。他们通过内家拳训练，身体都产生了变化。

上医治未病，希望大家在身体还没有发出病痛信号之前，就保养好它。买个车大家还都会去做保养，为什么不重视身体的保养呢？

2. 修行

内家拳不仅仅是一种武术，还是一种修行方式。孙禄堂先生以武入道，形意拳巨擘李存义先生说"形意拳是变化气质之道"。长时间站桩后肌肉筋骨会酸痛，然而即便肌肉酸痛，我们依然要忍着，争取站更长的时间。这样一种修行方式，无疑会帮助我们养成坚韧不拔的性格。

而遇到了问题、疑惑，通过思考去解决，用行动改变现状，会让一个人变得睿智，懂得分析、取舍。所以能练好拳的人，一般都有智慧。对于通过练拳修行让自己更强大，您是否感兴趣呢？

3. 文化

我们有优秀的中华传统文化，诗歌是文化，书画是文化，武术也是文化。

我们读优秀的诗歌，会被其中的风光气象所感动，武术修炼亦如此。当我们通过自身的砥砺修行获得进步，翻开拳谱一看，这些东西竟早已被古人清清楚楚地写在几百年前的拳谱上。这种与古人共鸣的感觉，便是武术的魅力之一。

而钻拳就是打开拳法奥秘的一扇大门，形意拳后续的很多功法都是由钻拳变化而来。如三盘落地、拧裹、三角形与指中等，都是在不停地强化钻拳的要点，目的是让大家能由浅入深，逐渐掌握其中的奥秘。

五、劈拳与脊柱

"劈拳似斧属金"，
并非指外形上的劈砍动作，
而是调动丹田、弯曲脊柱发出的威力。

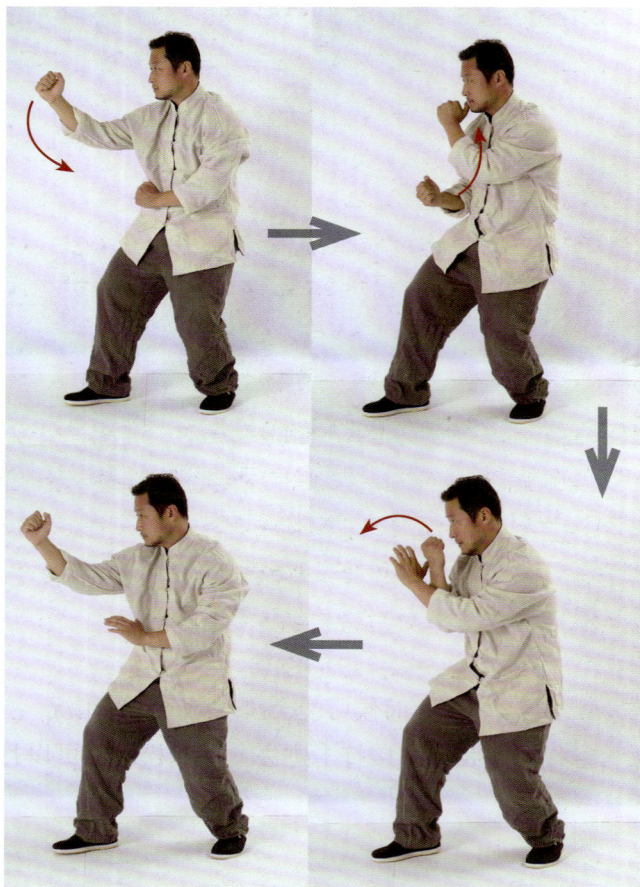

图130

劈拳的发力方式与钻拳是截然不同的，孙禄堂前辈在拳谱中称其为"一气之起落"。钻拳侧重于训练左右转腰和上下的力量，形成周身螺旋，而劈拳是用身体反弓的形式进行发力。

我们来理解一下什么叫身体反弓。如果人的腰背呈一条弧线的话，我们的丹田就如同一个球状的物体，它是可以提起落下，沿着弧线的方向打击对手的。

如果丹田逆时针自上而下地转动，就是劈拳。（图130）

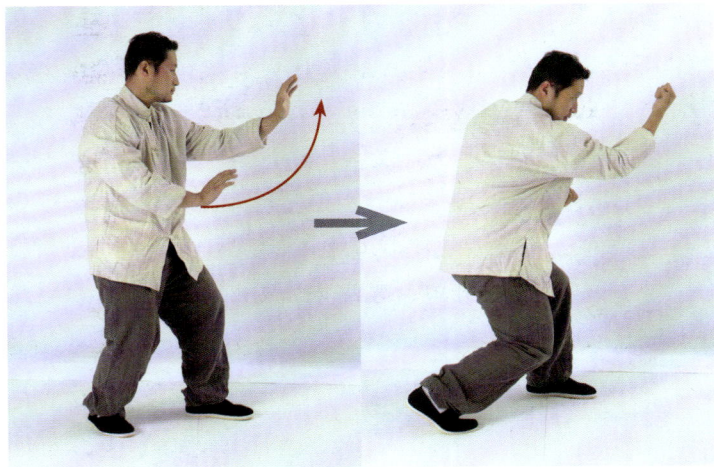

图 131

如果丹田自下而上地打击，就是钻拳。（图 131）

弯曲脊柱发力与左右转腰发力截然不同，是另一种发力模式。

很多拳法都是左右转动发力，缺少上下弯曲的脊柱发力。这个概念在太极拳中叫胸腰折叠，形意拳中叫用力如反弓，可以说，中国武术与西方武术最大的区别就在于此。同样都是一个头、两只手、两只脚，我们的发力加上了脊柱，相对而言，力量应该是大于西方武术的发力体系的。

这个力量有多大呢？

拳谱中说劈拳属金，能披坚执锐。在我们练习搭手的时候，若对手双手相搭，用劈拳可以很轻松地将其整个人撞击出去。哪怕对手用整个体重抵抗，我们也可以将其打得站立不稳。（图 132）

在实际的对抗过程中，很少有人采用坚固的两手支撑的方式去抵抗打击力量，大部分人都是单手防御。那么，这个时候可能会出现以下两种情况。

（1）对手的手臂支撑力量很弱，我们直接打击进去，很轻松地就可以打破对手的防御间架。

（2）对手的支撑力量很强，我们单手也可以像双手一样，打得对手站立不稳，失去重心；甚至我们可以回挂，让对手失去平衡，然后进行后续的打击。

图 132

　　所以"劈拳似斧属金"，并不是指外形上的上下劈砍动作，而是指其具备强大的打击力量，当对手全力抵挡的时候，依然可以如斧头般破开对方防御，继续打击。想做到"似斧属金"，依靠手臂力量是无法完成的，这就需要把我们的丹田调动起来，弯曲脊柱发力。

　　练习劈拳需要有很好的三体式基础，而很多朋友的三体式水平短期内达不到要求。为了加快训练进度，可以先通过双手的虎形进行脊柱反弓训练。

六、劈拳？劈掌？鹰捉？

劈拳是上半圆，

鹰捉是下半圆，

二者合起来为一个整圆。

众所周知，目前劈拳有两种打法，一种是立掌打出，另外一种是攥拳打出，到底哪个是正确的呢？

很多人都从梢节呈现的是手掌还是拳头去衡量劈拳动作是否标准，我认为这种评判方法是错误的。其实两种方式都是正确的，因为劈拳的核心压根儿不在于梢节的变化，而在于根节脊柱的发力。如果是通过脊柱发力把手臂打出去，梢节哪怕捏着兰花指，都能够把人发出去。但是如果是手臂屈伸，没有用整体的力量，无论手成拳还是成掌，都是错误的。

尚云祥这一派的形意拳中多出了一个叫鹰捉的动作，很多朋友不明白这是个什么劲，我们画一张图来解释说明。

如图133所示，劈拳更侧重上半圆发力，把对手劈出去；而鹰捉是劈拳的变式，它更注重下半圆的回收，把对手拉进来。两者结合起来，就是一个圆形。

仅仅练习劈拳的力量是不够的，因为很多人的先天素质并不好，力量小或者体重轻。体重达三四百斤的人，我们无论如何也劈不动，但是上半圆的劈拳发力，会让对手在一瞬间与我们抗衡，产生一定的顶抗，这个时候如果我们走一个

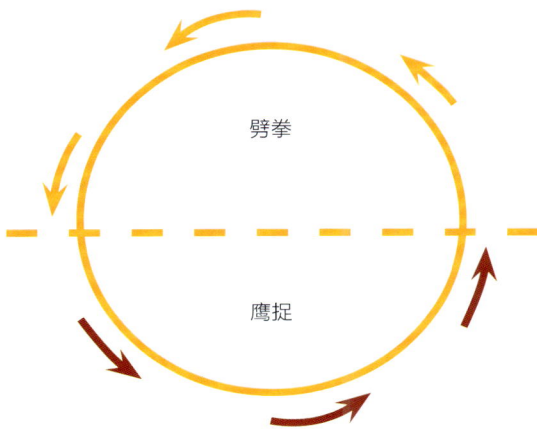

图 133

下半圆的弧线，把对方拉进来，对手就会失重，撞到我们的拳头上。（图 134）

图 134

所以鹰捉是捞东西的劲，"鹰捉开手门户破"。很少人能够抵挡这样的来回劲。李存义先生就很擅长用这个劲。曾经有一个人跟李存义先生试手，搭上手之后，李存义先生一串劈拳把对方发出去，然后又一路用鹰捉把对方拉回来。这个过程就像把人摁在车上，不停地加速、刹车，让人眩晕。李存义先生一松手，对方就瘫在地上哇哇大吐。

我们不能只依靠口口相传的传说去回味老前辈的功夫，而应该争取通过成体系的、专业的训练流程，达到甚至超过老前辈的功力水平。

第六章

太极拳的

训练流程及原理

当我们了解了形意拳的练功流程后，太极拳的训练方式就变得简单了。

很多原理及内容已经在前文的形意拳理论中讲过了。我真心建议大家在学习太极拳之前，先学习一下形意拳的基本功，这有助于太极拳的进步。

太极拳的拳理比较精细，其跳过了站桩，直接就研究螺旋缠丝，相当于不进行左右、上下劲的训练，直接从斜 45° 的螺旋劲练起，相对来说比较难，其中的一些要求比形意拳更加细致。对太极拳中一些细节要求的理解，能够反过来加深我们对于形意拳的理解。

其实三大内家拳并不是互相矛盾的，而是相辅相成的。孙禄堂前辈教学的时候经常把三种拳法穿插起来，用一种拳法的劲路解释另一种拳法。老前辈早就用三拳结合的方式授徒以期获得更高的成才效率了，我们现代人为什么还要盲守着只练一个门派拳法的想法呢？

我们的太极拳训练课程采取的是洪均生先生的教法。洪均生先生本身就是一个传奇，他年轻的时候身体很弱，做不得剧烈运动，只能够散步。跟随陈发科先生学习太极拳后，他的身体、功力都产生了突飞猛进的变化。他是跟随陈发科先生学习时间最长的一位，并且通过自己的努力、老师的教导，把陈式太极拳的很多内容都进行了精细化、标准化整理。

难得的是，这些对陈式太极拳的修改，是在陈发科先生的肯定下做出的，并且形成了一个完整的体系，教出了很多好学生。老师认可学生修改拳法，这是很罕见的。

历史上很多学习陈式太极拳的武者，在学成后都对其进行了修改，例如杨式太极拳创始人杨露禅先生。而洪均生先生修改后的太极拳，既传承了陈式太极拳的核心原理，又融入了自己的特色。

在本章中，我会结合前文的几何原理，尝试分析洪均生先生的陈式太极拳为什么容易出功夫。

一、太极拳的训练流程

以下谈到的三个要点，

都应从各个角度慢练，

找到自己的弱点，改正并补足它，

最终达到中正安舒之态。

（一）活肩胯与圆柱体

我们在前文中提过活肩胯这个动作，它主要用于练习躯干圆柱体的左右变化。洪均生先生将活肩胯叫作拔井绳，因为其动作类似于两腿平均开立，用腰胯的旋转把水桶从井中提上来。（图 135）

图 135

很多朋友在练习太极拳的过程中都面临着腰胯转动角度过大，或者转动角度不够的情况。无论是转的角度过大，还是转的角度不够，都无法有效地化开对手的劲力。只有在转动过程中养成良好的习惯，再去进行套路练习，才能找到功夫。

练活肩胯这个动作的目的就是训练躯干圆柱体的旋转，养成一旦有人威胁我们的中轴线，我们立刻旋转身体化解开来力的习惯。

很多朋友练习过这个动作，但是效果并不好。效果不好的原因有二。一是不明白拳理，纯粹是为了训练而训练。训练的目的不明确，没有避免对手威胁我方中轴线的意识。二是训练方式存在细节错误。

如同前文中讲过的形意拳要慢练入道，练这个动作，一定要慢练。为什么很多朋友练一辈子太极拳都掌握不了身法？因为练得太快。

拳谱中说"不丢不顶"，如果我们躯干圆柱体不会转动，化解不了对手的力量，就会与对手硬顶。但若是转快了，就会犯丢劲的毛病，同样会被对手找到可乘之机。所以在练习时越慢越好，转得越慢，越能体会到身体在转动角度的过程中，有哪个位置是薄弱的、容易被对手所乘的，然后通过其他部位的配合弥补这些薄弱点，这是一个修正自己动作的过程。如果不在慢动作中寻找，只是快速转腰，意识不到薄弱的地方，就谈不上修正动作。

练拳是一个发现自己弱点的过程，不要为了练而练。每个角度都慢练，维持好中正安舒、阴阳相济的状态，才能够提升自己，战胜对手。

（二）正反圈

掌握了人体腰部的转动，实际也就掌握了腰部的平圆旋转。之后最重要的基本功就是配合手臂的正反圈。

洪均生先生精研太极拳的原理，总结出了一个顺时针、逆时针的身手转动的方式，叫作正反圈。可以说，正反圈是开启太极拳奥秘的钥匙，所有的太极拳套路都是由正圈跟反圈构成的。

什么是正反圈？简单来讲，假如以右手右脚在前的姿势做动作，正圈就是右手顺时针转动，反圈就是右手逆时针转动。

太极拳中所有的动作都由正反圈组成。我们以金刚捣碓为例讲解。如果只看左手，在练功过程中它一直在进行反圈旋转。如果只看右手，整个过程中它一直在进行正圈旋转。正圈与反圈配合起来，形成了套路中的每个动作。

可以说，如果不掌握好正反圈，整个套路就没有灵魂。

太极拳正反圈，就如同形意拳中钻拳、劈拳，是最基础、最重要的基本功。形意拳的钻拳主要训练左右转腰，劈拳主要训练上下折叠；而太极拳的活肩胯主要训练左右转腰，正反圈主要训练上下调胯，构建成十字劲。

太极拳正反圈的训练大概分为以下几个阶段。

（1）初学者求和顺，先把手、腰、腿配合熟练。刚开始进行正反圈训练时先不要去想螺旋身法（本身刚开始学习时想做也做不到），先简单地把正反圈画顺利，做到横平竖直、规规矩矩即可。

初学者练习正反圈，不少于1个小时才能逐渐找到感觉。我自己训练的时候几乎不看时间，一直做，因为这是一个动态功法，不无聊，还可以体会到周身的旋转配合，本身是一件非常快乐的事儿。

实话实说，太极拳的训练确实比形意拳、八卦掌快乐很多，比较有趣味。

（2）螺旋缠丝。当掌握好平圆之后，身体需要配合立圆的变化，形成周身螺旋的状态。

（3）抻筋拔骨，拧进拧出。很多朋友不知道练正反缠丝本身也是抻筋拔骨的过程。如果动作准确，会非常"别扭"地拉伸肘部、肩部、手腕肌肉。洪均生先生说"太极拳的练习过程，就像拧毛巾一样"，只有把身体拧起来了，才是真正的太极拳。

（4）通过缠丝单人训练，掌握八大劲。

（5）两手缠丝配合，为套路训练打下基础。

（6）一路招数训练，二路炮捶训练。

（7）推手训练。

每个训练阶段其实又可以具体细化成若干小项。由于细节要点太多，这里就不展开讲了。

我们的水平再高也不如洪均生先生，他老人家练了几十年拳，才在老师的指点下创建了如今的训练体系。所以在练习拳法的过程中，我自己几乎不创新，也不主张大家创新。先学会并掌握老前辈们的研究成果，再考虑创新，是对老前辈的尊重。洪均生先生见过很多名师，并且在漫长的教学岁月中经受了诸多考验，才形成今天的拳法风格。拳法面临着失传，我们现在学的东西都不一定是对的，功夫也还没有练出来，谈创新肯定太早了。

（三）中轴线移动与螺旋下沉

　　洪均生先生很反对中轴线左右移动，但在我们日常的练功过程中，无论是练习套路还是基本功，都有很多朋友喜欢中轴线移动。以常见的缠丝为例，其动作如图 136 所示。

图 136

这样做好还是不好？我们从前文的坐标系理论中了解到，动作必须上下、前后、左右方向上都带着劲，才能支撑八面。

假如在进行缠丝的过程中，让小伙伴从前后方向（z 轴）阻挡我们，我们就很难前后移动（图 137）。因为中轴线移动时，遇到前后阻力后，往往无法克服对手的力量，很容易跟对手犯顶。

而继续移动的唯一可能是先定住中轴线，螺旋下沉身体，把对手的力量化解开，然后再进行左右转动。也就是在受力

图 137

的情况下，进行 x 轴的转动，以及 y 轴的下沉，把对方的力量引向大地。这也是洪均生先生对陈式太极拳身法的修改之处，既然实战时不可以随便运动中轴线，不如在练习之初就固定它，这样更容易练出对抗的功夫。

定住中轴线后做螺旋运动，就是在掤，支撑住对手的力量后就可以想办法化解对手的力量。而中轴线如果来回移动，自身站都站不稳，就谈不上化解对手的力量。所以洪均生先生从基本功开始就决定放弃中轴线左右摆动的练习方式，把活肩胯作为入门的第一个基本功。只有中轴线不动，左右身体的各个点才能围绕中轴线转动，形成螺旋下沉，人体才有可能具备旋涡一样的力量，让对手难以抵挡。

平时大家练功时，很容易忽略中轴线不动的重要性。

不动，是陈式太极拳中非常重要的规矩。万丈高楼平地起，如果中轴线立不住，人在左右、上下方向上就没有根，就谈不上对抗了。

然而有的朋友说了，缠丝训练，包括练习套路的过程中，中轴线是绝对的一动不动吗？也不是。我们都见过陀螺的旋转，陀螺在稳定转动的过程中，肯定是中轴线尽量固定不动的，但也不可避免会左右移动。如果陀螺左右移动，就很容易产生摩擦力，消耗它转动的能量。练功都是练习最难的东西，练好了最难的东西，到了实战中，遇到简单的问题，才能够游刃有余地处理。

在实际对抗过程中，包括初学者的练习过程中，很少有人能够做到中轴线完全不动。中轴线固定是完美的预想。螺旋下沉最省力，左右移动会消耗我们的能量。中轴线变化范围越小，越容易化解对方的力量。

陈式太极拳论中说"大圈不如小圈，小圈不如无圈"，目的也是尽量减少无用的位移。然而这只是一个理想的状态，真正受力时很少有人能够中轴线不动，完全做到不丢不顶。

很多沉浸于修炼陈式太极拳的朋友不知道这个原理，不停地移动中轴线。大家用前文提过的两根手指的试验检测一下，就能明白其中不合理的地方。

二、太极拳的缠丝与圆柱体

> 缠丝做对了，
>
> 周身在腰的统领下，
>
> 一转皆转。

　　陈式太极拳把缠丝作为一个非常重要的追求摆在首位。可以说，练陈式太极拳不会缠丝，就相当于套路没有灵魂。缠丝到底是什么？前文已经说过，缠丝的本质就是旋转。

　　从结构上来说，我们身体上有很多能横向转动的部位，如小臂、大臂、大腿、小腿、腰胯。也有很多能纵向转动的部位，例如盆骨、胸腔、大腿骨等，纵向转动能形成类似圆柱体的结构。

　　如前文说过的齿轮绞杀结构，圆柱体在转动过程中挤压交叉可以构成 S 形曲线。这些曲线从脚一直能够延伸到头，这就是周身的缠丝劲。

　　我们再看一下陈鑫前辈在《陈鑫陈氏太极拳图说》中所画的图（图 138），这个图的缠法起于脚底，经过腰间到达两手。如果大家读懂了前文的解释，就很容易理解这个图的含义，即众多身体上的圆柱体同时旋转构成了缠丝。

　　为什么全身的圆柱体都得旋转？只转动一个圆柱体不行吗？

　　我们做一个试验。让朋友跟我们搭手，他的拳头指向我们胸口。我们分别尝试通过手臂圆柱体和身体圆柱体的左右转动化开来力。

图 138

　　在这个过程中我们会发现，当对手用力的时候，如果我们只是手臂圆柱体转动，就很难化解对方指向我们的力量。如果只是腰部转动，则我们的转

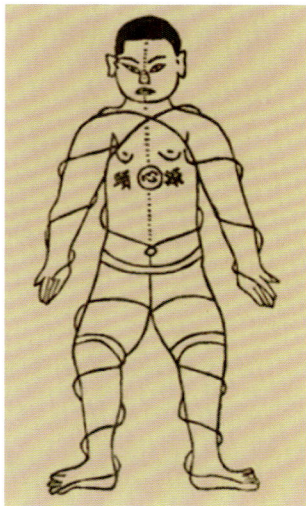

动是圆周运动，对手的手会压着我们，即使能把对手的直劲带向两侧，也还是会与对手顶劲。

只有腰转动的同时，手臂也旋转，才能轻松地化解对手的力量。

我们的手臂与身体躯干实际就是两个圆柱体。躯干圆柱体可以左右转动，也就是公转；手臂圆柱体可以进行左右的自转。只有至少两个圆柱体同时转动，自身才能形成 S 形曲线，轻松地化解对手的力量。

再举个例子，简化太极拳中揽雀尾这个动作，很多朋友以为它是没用的。事实恰巧相反，它是太极拳中最能体现多圆柱体配合的动作。当两个人接触时，对手肯定用力冲击我们的重心，我们用抱球的动作，通过转腰部圆柱体、转手臂圆柱体，把对手的力量旋滚出中轴线，对手自然处于背势，我方就可以轻松地将其发放出去。（图 139）

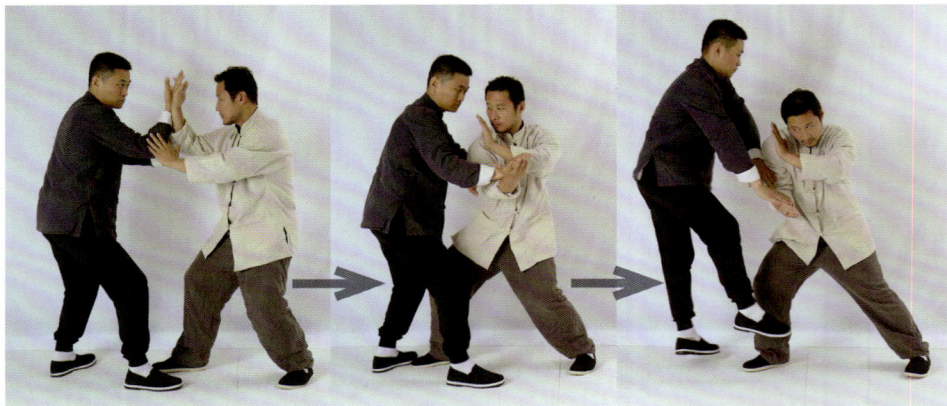

图 139

看不懂老前辈的练拳照片或视频，归根结底还是因为自身知道的东西太少。有些东西只有自己练出来后，才能看明白，练出来之前一头雾水。

而练拳本身的快乐也源于此，在你的每招每式的训练中，在你偶尔有所收获的时候，忽然想到，我这个动作跟某某老前辈的意思是一样的。无形之中，这种武术的传承让你仿佛穿越了时空，与几百年前的人产生共鸣。这才是真正的文化传承。

因此，在看前辈拳照的时候，相反的劲路、齿轮的咬合、圆柱体的旋转，其中蕴含的韵味总是令我心折。

洪均生先生当年教一个学生，看了这个学生的演练之后说："你的缠法的基本方面不是多就是少，不是不急就是顶、转多了。"其实就是说这个学生周身圆柱体的转动并没有形成统一的模式。

正确的缠丝应该如齿轮，在腰的统领下一转都转。无论是哪个圆柱体转得多了或者少了，都不整、不合。

练拳最难把握的就是度，也就是所谓练功中的规矩。如果不了解人体各个部位的形态结构，就很难把抽象的拳理具体地在自己身上做出来。

人体想要形成圆柱体结构，有一个前提，那就是两端定点。只有圆柱体的顶心、底心定位，才能进行圆柱体旋转。

为什么内家拳讲究沉肩坠肘？我们以小臂为例。小臂只有沿着一条轴自转，才能把对手的力量引至两侧。但若我们转动小臂的同时横肘，这样的旋转就起不到作用。

因此，定肘非常重要，而现在流行的太极拳练法大部分都是抬着肘的。（图140）

为什么后来形成的拳法，如大成拳及卢氏结构，都提出一个概念——肘膝定位？肘膝定位就是通过肘的定位和手腕的定位，形成小臂的圆柱体；通过膝盖的定位和脚的定位，形成小腿的圆柱体；通过膝盖和胯的定位，形成大腿的圆柱体。它们的原理都是一样的，都是让身体形成不同的圆柱体进行运转变化，从而达到化解对方力量的目的，这在所有流派中都是一样的。

图140

弄明白了这些，再回头看陈鑫前辈的《陈鑫陈氏太极拳图说》，就会发现他对于缠丝的表述简直不能再具体了。

三、太极拳的天平系统与砝码

如果将人体视为天平，

那么，丹田就是一个球状砝码。

在对抗的过程中，人的力量可以用天平的结构去称量。很多朋友不明白如何听劲和化劲，听劲和化劲实际上就是称量对手的重量。

我们可以想象一下，从头顶到尾闾的中轴线是秤的中心，两个肩膀或者胯是平着的秤杆子，丹田好比是秤砣，能在小范围内移动，让体重和来力抗衡。

天平系统的概念，其实《太极拳论》中就已经写了。现代表述比较清楚的，我认为是《洪均生先生追忆录》。洪均生先生形象地把人体比作天平，通过中轴线不动、肩胯活动调节对手的力量。

随着练功的深入，我越发认为洪均生先生的理论是正确的，并尝试在这本书中为大家讲一讲。

人的两肩、两胯其实就像是两条横线，两胯的横线和两肩的横线作用原理其实一样。简便起见，我们只考虑肩部的这条横线。肩部的横线，与中轴线这条竖线交叉，一横一竖，是不是很像一个天平？

这一横一竖把躯干分成了4个象限，《太极拳论》用"左重则左虚，右重则右渺"来形容这个天平系统。当敌人在我们右侧施加力量的时候，如果我们没有在左边增加砝码，体重还是沿着中轴线均匀分配，我们的天平会被压得弯曲变形，导致我方受力，无法克制对手的力量。（图141）

丹田实际上是一个可以上下、左右移动的球状砝码。

当对手从右侧向我们施加力量的时候，右侧重了，则右侧需要空开。丹田沿着中轴线向左侧移动，充实这一象限，使左侧变重。这样，对手的力量在右侧，我们的中轴在中间，我们的丹田在左侧，形成了一个沿着中轴线左右对称的天平系统。

图 141

这个时候，对手在我们右侧施加的力量等于按到了空处，而我们丹田左移，在中轴线固定的情况下与右侧来力达成了平衡。（图 142）

图 142

同样，如果左侧重了，也需要调整体重，不让对手按在实处，将丹田往右移动，与左侧的来力维持平衡。内家拳应用过程中的"裆劲暗换""丹田内动"大概就是这个样子。

通过丹田的移动与各个方向的来力抗衡，维持身体平衡，就是合住对手。让对手的力量摁到空处，叫作引进落空。天平系统达到稳定后，我们再让丹田回到中轴线，体重就会撞击到对手，令对方站立不稳，从而起到发放效果。

在这个过程中，丹田会在 4 个象限左右、上下移动，古人把此种现象形象地称为"气宜鼓荡"。

很多喜欢故弄玄虚的人掌握了这个技巧，就把它神话成意念运动、气息流动。"我一想，气一走，你就出去了"，这种说法其实无可厚非，每个人都有自己的讲解方法。但是如果换成科学的讲解方式，可能更适合初学者，方便其弄明白其中的道理。

上文中提到了"气宜鼓荡"，我们就需要讲一讲武术中的气到底是什么。"气"在汉语中有很多含义，例如：

中医中的营卫之气，这个"气"类似于人体抵抗力；

气宇轩昂，这个"气"指的是人的精神状态；

风清气正，气指的社会秩序；

气喘吁吁，气指的人的呼吸；

……

而武术中的气，例如太极拳论中的"气宜鼓荡"，形意拳学中的"一气之起落，气沉丹田"，都是指人体重心的变化。

所以大家不要看到气就以为是虚无缥缈的东西。古人其实非常务实，是我们这些人误解了古人的意思，导致武术的传承越来越困难，能练出功夫的人越来越少。

四、裆走下弧

裆走下弧的前提，

是胯能像跷跷板一样做高低上下运动。

很多朋友弄不明白太极拳中裆走下弧的动作。

裆走下弧的常见错误是两胯平着走下弧线。我们用坐标系理论进行分析，认为这种情况下两胯是平行于地面的一条直线，所谓的裆走下弧，无非就是用这条直线完成一个下弧线的运动，而这个动作开始后，一旦在迈步的过程中有人用手自上而下地摁住我们的胯部，稍微施加一点儿力量，我们就站不住了。（图143）

我们经常看到，一些老师给大家调整动作的时候，会摁住学员的两胯。被调整动作的学员大腿哆哆嗦嗦的，就是因为老师给平着的两胯施加了向下的力量，导致两条大腿的力量扛不住老师施加的下压力量。

很多朋友以为这样的调拳动作是对的，以为是练对了大腿才会这么累。可事实上

图143

这恰恰是错误的。两胯呈一条直线走下弧的动作，从几何的原理上分析，会使对手的力量完全压迫在两胯，破坏大腿与小腿的角度，让人站立不稳。

因此，两胯平着下蹲练习套路是不正确的。

正确的裆走下弧是什么样的？

沿着中轴线，把身体练成互不相干的两部分，两胯能够一高一低、一上一下地运动，才是对的。在练拳过程中，两胯只有一上一下如同跷跷板般倾斜变化，实战时才能够让对手的力量落空，滑向一侧。（图144）

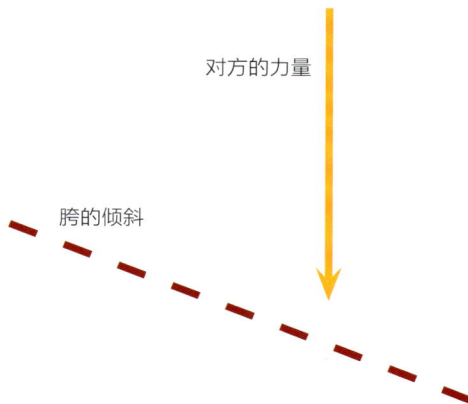

对方的力量

胯的倾斜

图 144

　　两胯能围绕中轴线高低变化，才是真正的裆走下弧。

　　无论什么拳种，都有人练了很多年却一直不出功夫，因为很多人的思维逻辑是错的。我们通过太极拳引出了两胯高低问题，接下来为大家解释一下这个问题。

　　人从学会站立起，两个胯就一定是平着的，一旦两胯产生倾斜，整个人就会站立不稳，往一侧摔倒。

　　在实际对抗过程中，对手只要想破坏你的重心，势必会让你的胯歪斜。

　　而我们太极爱好者在日常练拳过程中，认为练拳要越稳越好，故两胯始终都是平的。一旦对抗过程中出现两胯歪斜，就无法应对了。

　　不论是太极拳还是其他任何拳种，都是套路练习符合对抗时的要求才能提高功夫。

　　大家以为的站得越稳越好，反而是不利于实战的。因此，在这个方向上花费的时间越多，浪费的时间也就越多。

　　同样的是形意拳，如果不考虑 x、y、z 三个轴上的力量，不考虑对手的阻力，只空练发力，一样是缘木求鱼。

　　因此，两胯的高低变化非常重要，平时习惯了两胯不同高度的变化，实战对抗时才能得心应手。

五、太极如摸鱼

水中摸鱼，

考虑和模仿的是水的阻力，

也就是对方的阻力。

太极如摸鱼，是非常古老的太极拳思维。

大家想象一下：在水中摸鱼，是不是转动的时候会遇到水的阻力，让我们难以流畅地转动？这就像在 x 轴上左右转动时遇到阻力。因此，摸鱼的比喻，主要就是假设我们做任何动作，在前方总有阻碍。

八卦掌走步如蹚泥也是这个意思，很多朋友在走八卦步的时候都是直挺挺地前进，没有腿部的螺旋。假如我们请一个人在前面摁住我们的膝盖，按照常规的迈步方式，我们根本就无法克服对方双手阻挡的力量（图 145）。

图 145

但是如果我们腿向内旋转，然后向前迈步，就可以很好地把对方的力量引向两侧，继续往前行进。

　　所以走步如蹚泥只是个形容，这是为了训练腿部圆柱体螺旋。八卦掌的练习者为什么出功夫慢？因为八卦最讲拧，"拱拧如掏绳"，腿也要拧。

　　例如太极拳的起势，假如我们想要上抬两手，有人摁住不让我们上抬，此时我们以肩膀为圆心、手臂为半径直接上抬就是错的，而先塌腕沉肩让对手肩关节难受，再从下向上抬起胳膊，对手就站不稳了（图 146）。

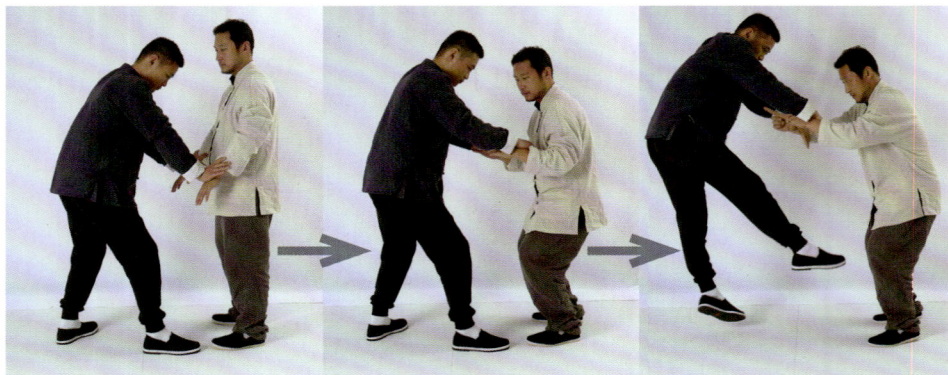

图 146

　　如果练功时不考虑对方的阻力，只是自己怎么舒服怎么做，很难出功夫。因为这是想当然的练功方式，不是真正的练功。

　　太极如摸鱼，就是指要考虑对手阻挡的力量，这才是内家三拳通用的核心。

六、如何做到我顺人背？

用轻柔的转腰改变对方施力的角度，
然后上步把对方发出，就是我顺人背。

在搭手过程中我们通常会受到对手压迫我们重心的直线力量，如果不能将这个直线力量引化，就很难击打对手。

例如，当两个人搭手时，对手肯定试图威胁我的重心，向我施加力量。他的发力部位与接触点之间一定存在一条直线，指向我的身体圆柱体（图147）。我只要微微左右旋转身体，他的力量就无法指向我的中轴线。这时候对手相当于变成了侧对我，我获得了一个横切面，只要进步，我的体重自然会把对手撞出去。（图148）

图 147

图 148

在这个过程中，很轻柔的转腰动作就可以改变对手的角度，此时上步便能把对手发出。因为是用体重前冲，手臂并没有刻意发力，所以看上去动作很柔和，但是对手会感觉你的打击非常凶猛。

尚云祥先生说形意拳："轻松和谐中，找出迅猛、刚实的爆发劲。"这是对于内家拳发力最贴切的描述。

就拳术这个学问而言，我认为古代的东西应该比现代的东西先进。原因有二。

（1）就搏斗而言，无论是古代还是现代，人体结构都没有太大变化。

不管是古代人还是现代人，都是一个头、两只胳膊、两条腿。由于古代经常会出现大规模战乱，人与人之间无论是冷兵器格斗还是赤手搏斗，其强度、烈度一定远远大于现代社会。

因此，那些古代流传下来的武技具有极高的价值。虽然现代人弄不懂一些动作的原因，但是古人的经验值得尊重。

（2）内家拳的练功思维绝对不同于西方搏击的思维。

西方通过做加法提高运动员的素质，但运动员的素质达到一定高度后可能就无法继续提高了。但是在内家拳看来，运动员的素质有可能还能继续提高。

西方搏击整个体系都是追求更高、更快、更强。然而人的体能是有极限的，在基因不变的前提下，通过西方的训练能够尽可能地接近最大数值，但是总有上限。

而内家拳的思维并不是做加法以让力量越来越大、速度越来越快。譬如站桩，是让人在运动中的损耗越来越小、杠杆越来越长。如果西方训练体系下运动员的能力已到达了极限，通过内家拳的训练，应该还是可以再进步一点的。这一点进步是在他们没法儿再进一步的情况下完成的。

我们作为东方文化的研究者，应致力将这些东西应用到实际场景中。我将个人心得整理成书，也是出于这个目的。

哪怕我们这代人没办法完成复兴武术的任务，将来有识之士想做这个事情了，希望他们还能以我们的研究成果做参考。

后 记

　　研究武术与考古类似，需要通过传承及对古代典籍、前辈拳照的研究，大胆提出假设，小心求证。

　　任何学科都应是一代强于一代，但在对武术原理的摸索与复原上，我们没有超出前人，甚至没有做到好好继承，从而使得武术日渐没落。

　　每思及现状，笔者都觉愧对先贤，亦愧对后人。

　　独木难支！

　　研究越深入，笔者越感觉传承不易。多言数穷，只能守中！

　　武术的衰落似是大势。笔者年轻时曾激情万丈，想通过自身的努力传播，将内家武术发扬光大。

　　从年轻到不惑，日拱一卒，心慕手追，却觉人力总有不及。曾经的把武术发扬光大的梦想，渐渐退化成能教几个学生、传几个徒弟，不让自己会的东西失传就好了。

　　如同望着珍贵的文化宝藏在时间的小溪中不可逆转地付诸流水，其中的无奈与遗憾，实在是让人痛心。

　　笔者抛砖引玉，也期待有更多优秀的武术研究者能把自己的心得分享给广大武术爱好者。

　　望我泱泱中华，万古江河，人才辈出，武道昌荣！

庞超

于岱下

武学古籍新注丛书

王宗岳太极拳论	李亦畬 著　二水居士　校注
太极功源流支派论	宋书铭 著　二水居士　校注
太极法说	二水居士　校注
手战之道	赵晔　沈一贯　唐顺之　何良臣　戚继光　黄百家　黄宗羲 著　王小兵 校注

百家功夫丛书

张策传杨班侯太极拳108式（配光盘）	张喆 著　韩宝顺 整理
河南心意六合拳（配光盘）	李洳波　李建鹏 著
形意八卦拳	贾保寿 著　武大伟 整理
王映海传戴氏心意拳精要（配光盘）	王映海 口述　王喜成 主编
张鸿庆传形意拳练用法释秘	邵义会 著
华岳心意六合八法拳	张长信 著
戴氏心意拳功理秘技	王毅 编著
传统吴氏太极拳入门诀要（配光盘）	张全亮 著
吴式太极拳八法（配光盘）	张全亮　马永兰 著
拳疗百病——39式杨氏养生太极拳（配光盘）	戈金刚　戈美薇 著
尚济形意拳练法打法实践	马保国　马晓阳 著
非视觉太极——太极拳劲意图解	万周迎 著
轻敲太极门——太极拳理法与势法	万周迎 著
冯志强混元太极拳48式	冯志强 编著　冯秀芳　冯秀茜　助编
刘晚苍传内家功夫与手抄老谱	刘晚苍　刘光鼎　刘培俊 著
赵堡太极拳拳理拳法秘笈	王海洲 著
京东程式八卦掌	奎恩凤 著
功夫架——太极拳实用训练	朱利尧 著
道宗九宫八卦拳	杨树藩 著
三十七式太极拳劲意直指	张耀忠　张林　厉勇 著
说手——太极拳静思录（全四卷）	赵泽仁　张云 著
太极拳心法体用——验证与释秘	宋保年　杨光 著
宋氏形意拳及内功四经精解	车润田 著　车铭君　车强 编著
陈式太极拳第二路——炮锤	顾留馨 著
孙式太极拳心解：三十年道功修习体悟	张大辉 著
王文魁传程氏八卦掌精要	王雪松 编著
吴式太极拳三十七式诠真	王培生 著
鞭杆拳技法与健身	毛明春　毛子木 著

功夫探索丛书

内家拳的正确打开方式	刘杨 著
借力——太极拳劲力图解	戴君强 著
武学内劲入门实操指导	刘永文 著
武术的科学：实战取胜的秘密	〔日〕吉福康郎 著 宋卓时 译
格斗技的科学：以弱胜强的秘密	〔日〕吉福康郎 著 宋卓时 译
内家拳几何学：三维空间里的劲与意	庞超 著

格斗大师系列

伊米大师以色列格斗术	〔以〕伊米·利希滕费尔德，伊亚·雅尼洛夫 著 汤方勇 译
拳王格斗：爆炸式重拳与侵略性防守	〔美〕杰克·邓普西 著 史旭光 译

老谱辨析丛书

马国兴释读杨氏老谱三十二目	马国兴 注释 崔虎刚 整理
马国兴释读太极拳论	马国兴 注释 崔虎刚 整理
马国兴释读浑元剑经	马国兴 注释 崔虎刚 整理